DRESSLER KLASSIKER

Pamela Lyndon Travers wurde 1899 in Queensland, Australien, geboren. 1923 wanderte sie nach England aus und begann in George W. Russels *The Irish Statesman* ihre ersten Arbeiten zu veröffentlichen. Berühmtheit erlangte sie durch ihre *Mary-Poppins*-Bände, deren erster 1934 erschien. Der Erfolg der Bücher über das wohl wundersamste Kindermädchen der Welt war so groß, dass Pamela Travers bis 1975 insgesamt fünf Fortsetzungen schrieb. 1964 wurde ihr Bestseller mit Julie Andrews, der bis heute einzig wahren *Mary Poppins*, verfilmt. Pamela Travers starb 1996.

Pamela L. Travers
Mary Poppins

Deutsch von
Elisabeth Kessel

Illustrationen von
Horst Lemke

Nachwort von
Sybil Gräfin Schönfeldt

Cecilie Dressler Verlag · Hamburg

Sonderausgabe aus Anlass des 75-jährigen Jubiläums
des Cecilie Dressler Verlages 2003

© Cecilie Dressler Verlag GmbH & Co. KG, Hamburg 1987
Alle Rechte für die deutschsprachige Ausgabe vorbehalten
© 1934 by Pamela L. Travers
Die Originalausgabe erschien erstmals 1934
unter dem Titel *Mary Poppins*
Erstmals im Cecilie Dressler Verlag erschienen 1952
Aus dem Englischen von Elisabeth Kessel
Nachwort von Sybil Gräfin Schönfeldt
Titelbild von Klaus Steffens
Illustrationen von Horst Lemke
Gedruckt auf Schleipen-Werkdruck holzfrei,
bläulich-weiß, 90 g/qm, 1,75faches Volumen
Schuberlieferant: Firma Reis Verpackungen, Gütersloh
Satz: Clausen & Bosse, Leck
Druck und Bindung: GGP Media, Pößneck
Printed in Germany 2003
ISBN 3-7915-2798-3

www.cecilie-dressler.de

Inhalt

1. KAPITEL	Ostwind	7
2. KAPITEL	Mary hat Ausgang	20
3. KAPITEL	Lachgas	32
4. KAPITEL	Miss Larks Andy	48
5. KAPITEL	Die tanzende Kuh	61
6. KAPITEL	Ein schlimmer Dienstag	77
7. KAPITEL	Die Vogelfrau	98
8. KAPITEL	Mrs Corry	106
9. KAPITEL	Die Geschichte von Barbara und John	125
10. KAPITEL	Vollmond	138
11. KAPITEL	Weihnachtseinkäufe	163
12. KAPITEL	Westwind	177

Nachwort 188

1. KAPITEL

Ostwind

Wenn du den Kirschbaumweg suchst, so brauchst du nur den Polizisten an der Straßenkreuzung zu fragen. Er wird seinen Helm ein bisschen beiseite rücken, sich nachdenklich am Kopf kratzen, dann seinen dicken, weiß behandschuhten Finger ausstrecken und sagen: »Erst rechts, dann zweite Querstraße links, dann wieder scharf rechts und du bist da. Guten Morgen.«

Und richtig, wenn du genau seiner Beschreibung folgst, dann *bist* du da. Ein Schritt noch – und du stehst mitten auf dem Kirschbaumweg. Auf der einen Seite ziehen sich die Häuser entlang, auf der anderen der Park und dazwischen, in der Mitte, tanzen die Kirschbäume auf dich zu.

Wenn du Nummer siebzehn suchst – und höchstwahrscheinlich tust du das gerade, denn unsere ganze Geschichte spielt sich dort ab –, so ist das Haus leicht zu finden. Zunächst einmal ist es das kleinste Haus in der Straße. Außerdem ist es das einzige, das etwas verwittert aussieht und neu gestrichen werden müsste. Aber Mr Banks, dem es gehört, erklärte Mrs Banks, entweder könne sie ein hübsches, sauberes, behagliches Haus haben oder vier Kinder. Aber nicht beides zugleich, das könne er sich nicht leisten.

Und Mrs Banks überlegte sich die Sache ein Weilchen,

mit dem Ergebnis, dass sie doch lieber Jane haben wollte, ihre Älteste, und Michael, ihren Zweiten, und John und Barbara, die Zwillinge, die zuletzt ankamen. Damit war der Fall erledigt und Familie Banks lebte also in Nummer siebzehn, betreut von Mrs Brill, die für sie kochte, von Ellen, die den Tisch deckte, und Robertson Ay, der den Rasen schnitt, Messer und Schuhe putzte und »seine Zeit und mein Geld« vergeudete, wie Mr Banks immer sagte.

Natürlich war auch Katie Nanna da, das Kindermädchen, die es allerdings nicht verdient, in unserem Buch erwähnt zu werden, denn zu der Zeit, von der hier die Rede ist, hatte sie Nummer siebzehn schon verlassen.

»Ohne Kündigung von deiner oder ihrer Seite«, sagte Mrs Banks. »Und was mache ich jetzt?«

»Eine Anzeige aufgeben, meine Liebe«, sagte Mr Banks, während er sich die Schuhe anzog. »Ich wünschte nur, Robertson Ay liefe auch ohne Kündigung davon! Er hat mal wieder nur einen Schuh geputzt und den anderen vergessen. Ich komme mir geradezu windschief vor.«

»Das ist doch ganz egal«, erwiderte Mrs Banks. »Sag mir lieber, was ich Katies wegen tun soll.«

»Ich weiß nicht, was sich jetzt noch tun ließe, nachdem sie einmal fort ist«, entgegnete Mr Banks. »Aber ich an deiner Stelle – ich, hm, ich – also, ich würde eine Anzeige in die *Morgenpost* setzen, aus der hervorgeht, dass Jane und Michael und John und Barbara Banks (ganz zu schweigen von ihrer Mutter) zu einem möglichst niedrigen Lohn die allerbeste Kinderfrau suchen, und zwar sofort. Dann würde ich abwarten und zusehen, wie die Kindermädchen vor der Gartentür Schlange stehen, und mich darüber auf-

regen, weil sie den Verkehr behindern und ich dem Polizisten zur Beruhigung einen Schilling geben muss. Aber jetzt muss ich weg. Hu! Das ist ja so kalt hier wie am Nordpol! Aus welcher Richtung weht denn der Wind?«
Mit diesen Worten steckte Mr Banks den Kopf zum Fenster hinaus und blickte die Straße hinunter nach dem Haus von Admiral Boom an der Ecke. Es war das eindrucksvollste Haus in der Straße und die Straße war mächtig stolz darauf, denn es war gebaut wie ein Schiff. Im Garten stand ein Flaggenmast und auf dem Dach war eine vergoldete Wetterfahne in Gestalt eines Fernrohrs.
»Ha!«, sagte Mr Banks und zog überraschend schnell den Kopf ein. »Das Admirals-Fernrohr verkündet Ostwind.

Dachte ich mir's doch. Mir sitzt die Kälte in allen Gliedern. Ich werde zwei Mäntel anziehen.« Zerstreut küsste er seine Frau links auf die Nase, winkte den Kindern zu und fuhr in die Stadt.
Nun, in die Stadt fuhr Mr Banks jeden Tag – außer natürlich am Sonntag und an den Feiertagen – und dort saß er dann in einem großen Stuhl vor einem großen Schreibtisch. Den ganzen Tag arbeitete er und verdiente Pennys und Schillinge, halbe Kronen und Dreipennystücke; abends brachte er sie dann in seiner kleinen schwarzen Mappe nach Haus. Manchmal schenkte er Jane und Michael etwas für ihre Sparbüchsen, und wenn er einmal nichts übrig hatte, sagte er: »Die Bank ist pleite!« Dann wussten sie, dass er an diesem Tag nicht viel Geld verdient hatte.
Mr Banks ging also mit seiner schwarzen Mappe fort und Mrs Banks ging ins Wohnzimmer, wo sie den ganzen Tag saß und Briefe an die Zeitungen schrieb mit der Bitte, ihr umgehend ein paar Kindermädchen zu schicken, auf die sie schon schmerzlich warte. Und oben im Kinderzimmer schauten Jane und Michael zum Fenster hinaus, gespannt, wer wohl kommen werde. Sie freuten sich, dass Katie fort war, denn sie hatten sie nie gemocht. Sie war alt und dick gewesen und hatte nach Gerstenschleim gerochen. Alles würde besser sein als Katie, so dachten sie – vielleicht sogar viel besser.
Als die Dämmerung sich hinter dem Park niedersenkte, kamen Mrs Brill und Ellen, brachten das Abendbrot und badeten die Zwillinge. Nach dem Essen setzten sich Jane und Michael wieder ans Fenster, warteten auf Mr Banks und horchten auf den Ostwind, der durch die nackten

Zweige der Kirschbäume blies. Die Bäume bogen und drehten sich und sahen im Zwielicht aus wie verhext, so, als wollten sie tanzend und wirbelnd ihre Wurzeln aus der Erde drehen.

»Da kommt er!«, rief Michael und deutete auf eine schattenhafte Gestalt, die laut ans Gartentor pochte. Jane spähte in die sinkende Dämmerung.

»Das ist nicht Vati«, sagte sie, »das ist jemand anders.«

Die schattenhafte Gestalt, vom Wind hin und her geworfen, klinkte das Gartentor auf und sie sahen, dass es eine Frau war, die mit einer Hand ihren Hut festhielt und in der anderen eine Reisetasche trug. Jane und Michael beobachteten sie und bemerkten plötzlich etwas sehr Seltsames. Kaum war die Gestalt in den Garten getreten, so schien der Wind sie in die Luft zu heben und auf das Haus zuzublasen. Es war, als hätte der Wind sie ans Gartentor geweht, dann gewartet, bis sie es geöffnet hatte, um sie dann hochzuheben und mitsamt der Tasche und allem Übrigen vor die Haustür zu schleudern. Die Kinder hörten ein furchtbares Plumpsen. Das ganze Haus zitterte, als die Gestalt vor der Tür landete.

»Sonderbar! So was hab ich noch nie gesehen!«, sagte Michael.

»Komm nachsehen, wer es ist«, rief Jane, packte Michael am Arm und zog ihn vom Fenster weg, zum Kinderzimmer hinaus, bis auf den Treppenabsatz. Von hier aus ließ sich gut übersehen, was unten in der Diele vorging.

Gleich darauf sahen sie ihre Mutter mit einem Besuch aus dem Wohnzimmer kommen. Wie Jane und Michael feststellten, hatte der Besuch lackschwarzes Haar – »wie 'ne holländische Holzpuppe«, flüsterte Jane –, eine hagere

Gestalt, große Füße und Hände und kleine, scharfe, blaue Augen.

»Sie werden sehen, es sind recht liebe Kinder«, sagte Mrs Banks gerade.

Michael puffte Jane in die Seite.

»Sie werden Ihnen gar keine Mühe machen«, fuhr Mrs Banks etwas unsicher fort, so, als glaubte sie selbst nicht recht an das, was sie sagte. Die Kinder hörten die Besucherin lachen, als ob auch sie nicht daran glaubte.

»Und was Ihre Zeugnisse betrifft ...«, begann Mrs Banks wieder.

»Oh, ich lege grundsätzlich keine Zeugnisse vor«, sagte die andere bestimmt.

Mrs Banks machte große Augen.

»Ich dachte, es sei üblich«, sagte sie, »ich meine nur, soviel ich weiß, tun das alle Leute.«

»Ich persönlich finde es altmodisch!«, hörten Jane und Michael die fremde Stimme sagen. »Wirklich, sehr altmodisch! Völlig unmodern, das werden Sie zugeben!«

Wenn Mrs Banks etwas nicht leiden konnte, dann war es der Gedanke, für altmodisch zu gelten. Das konnte sie einfach nicht ertragen. Daher sagte sie rasch: »Einverstanden! Wir wollen uns nicht damit aufhalten. Ich fragte auch nur für den Fall, dass Sie – hm – Wert darauf legten. Das Kinderzimmer ist oben ...« Während sie ununterbrochen weiterredete, ging sie voraus zur Treppe. Daher merkte sie auch nicht, was hinter ihr vorging. Aber Jane und Michael, die oben auf der Lauer lagen, sahen genau, was die Besucherin jetzt Erstaunliches tat.

Natürlich folgte sie Mrs Banks die Treppe hinauf, doch nicht auf die übliche Art. Mit der großen Tasche in der

Hand rutschte sie anmutig das Treppengeländer hinauf und kam mit Mrs Banks zugleich oben an. So was hatte es noch nie gegeben, das wussten Jane und Michael genau. Hinunter, natürlich, waren sie selbst schon oft gerutscht. Aber hinauf – nie! Neugierig starrten sie auf den seltsamen Gast.

»Schön, dann wäre also alles klar.« Ein Seufzer der Erleichterung entfuhr Mrs Banks.

»Gewiss. Solange es mir hier gefällt«, sagte die Fremde und wischte sich die Nase mit einem großen, rotweißen Taschentuch.

»Nanu, Kinder«, sagte Mrs Banks, als sie die beiden plötzlich bemerkte, »was macht ihr denn hier? Das ist euer neues Kindermädchen, Mary Poppins! Jane, Michael, sagt guten Tag! Und das hier« – sie deutete mit der Hand auf die Babys in ihren Bettchen – »sind unsere Zwillinge.«

Mary Poppins betrachtete sie gründlich und blickte von einem zum andern, als überlege sie sich, ob sie ihr gefielen oder nicht.

»Wird's gehn mit uns beiden?«, fragte Michael.

»Michael, sei nicht frech«, sagte seine Mutter.

Noch immer sah Mary Poppins die vier Kinder prüfend an. Dann holte sie laut und tief Atem, wohl um anzuzeigen, dass ihr Entschluss gefasst sei, und sagte:

»Ich nehme die Stellung an.«

»Sie benahm sich«, sagte Mrs Banks später zu ihrem Mann, »als täte sie uns Gott weiß welche große Ehre an.«

»Vielleicht hat sie Recht«, erwiderte Mr Banks und streckte seine Nase hinter der Zeitung vor; doch zog er sie schnell wieder zurück.

Als die Mutter gegangen war, umdrängten Jane und Michael Mary Poppins, die dastand, steif wie ein Laternenpfahl, die Hände vor der Brust gefaltet.

»Wie bist du hergekommen?«, fragte Jane. »Es sah aus, als hätte dich der Wind hergeblasen.«

»So war's!«, bestätigte Mary Poppins kurz.

Und dann wickelte sie sich den Schal vom Hals und nahm den Hut ab, den sie an einen Bettpfosten hängte. Da es nicht den Anschein hatte, als wollte Mary Poppins mehr sagen – obwohl sie mehrmals laut die Luft durch die Nase zog –, blieb auch Jane still. Aber als sie sich bückte, um ihre Reisetasche aufzuschnallen, konnte Michael nicht länger an sich halten.

»Was für eine komische Tasche«, sagte er und befühlte sie mit den Fingern.

»Teppich«, sagte Mary Poppins und steckte den Schlüssel ins Schloss.

»Um Teppiche drin zu tragen, meinst du wohl?«

»Nein. Daraus gemacht.«

»Aha«, sagte Michael. »Ich verstehe.« Aber so ganz verstand er es nicht.

Als die Tasche endlich offen war, entdeckten Jane und Michael zu ihrer größten Überraschung, dass sie gar nichts enthielt.

»Aber da ist ja nichts drin!«, sagte Jane.

»Wieso – nichts? Wieso nichts?«, fragte Mary Poppins; sie richtete sich auf und sah aus, als sei sie tief beleidigt worden. »Nichts drin, sagst du?«

Gleichzeitig zog sie aus der scheinbar leeren Tasche eine gestärkte weiße Schürze hervor und band sie um. Dann brachte sie ein großes Stück Seife zum Vorschein, eine

Zahnbürste, ein Päckchen Haarnadeln, eine Flasche Lavendelwasser, einen kleinen zusammenklappbaren Lehnstuhl und eine Schachtel Hustenbonbons.
Jane und Michael blieb die Luft weg.
»Aber ich hab's doch gesehen«, flüsterte Michael. »Sie war leer.«
»Pst«, machte Jane, worauf Mary Poppins eine große Flasche herausnahm. Auf dem Etikett stand: ›Einen Teelöffel voll vor dem Zubettgehen einzunehmen!‹ Am Flaschenhals hing ein Teelöffel, in den Mary Poppins jetzt eine dunkelrote Flüssigkeit goss.
»Ist das deine Medizin?«, erkundigte sich Michael und sah sehr interessiert aus.

»Nein, eure!«, antwortete Mary Poppins und hielt ihm den Löffel hin.

Michael stutzte. Er rümpfte die Nase. Dann begann er sich zu wehren.

»Ich mag nicht. Ich brauch das nicht. Ich will nicht!«

Doch Mary Poppins blickte ihm fest ins Auge und Michael merkte auf einmal, dass man Mary Poppins nicht ansehen konnte, ohne ihr zu gehorchen. Sie hatte etwas an sich, etwas Sonderbares und Ungewöhnliches – etwas Beängstigendes und zugleich höchst Aufregendes. Der Löffel kam näher. Michael hielt den Atem an, machte die Augen zu und den Mund auf. Er fuhr mit der Zunge im Mund herum, schluckte, und auf seinem Gesicht breitete sich ein glückliches Lächeln aus.

»Erdbeereis!«, sagte er verzückt. »Mehr, mehr, mehr!«

Aber unbeirrt goss Mary Poppins jetzt eine Portion für Jane ein. Silbrig, grünlich und gelblich floss es in den Löffel. Jane kostete vorsichtig.

»Süßer Orangensaft!«, stellte sie fest und leckte sich genießerisch die Lippen. Doch als sie Mary Poppins mit der Flasche auf die Zwillinge zugehen sah, lief sie hinter ihr her.

»Bitte nicht! Sie sind noch zu klein. Es bekommt ihnen nicht. Bitte!«

Aber Mary Poppins kümmerte sich nicht um sie und steckte mit einem warnenden, drohenden Blick auf Jane den Löffel John in den Mund. Er schnappte gierig danach und an den paar Tropfen, die dabei auf sein Lätzchen fielen, erkannten Jane und Michael, dass in dem Löffel jetzt Milch war. Dann bekam Barbara ihren Anteil, sie gluckste und schleckte den Löffel zweimal ab. Schließlich goss Mary Poppins noch eine Portion ein und trank sie andächtig selber.

»Rumpunsch!«, sagte sie, schmatzte und korkte die Flasche zu.

Jane und Michael sperrten vor Staunen Mund und Nase auf, aber es blieb ihnen nicht viel Zeit, sich zu wundern, denn Mary Poppins stellte die Wunderflasche auf den Kamin und wandte sich ihnen zu.

»Schluss«, sagte sie, »marsch, marsch ins Bett.« Und sie begann die Kinder auszuziehen. Knöpfe und Haken, mit denen Katie Nanna sich stets abgeplagt hatte, schienen bei Mary Poppins von selbst aufzuspringen. In kaum einer Minute lagen sie im Bett und beobachteten beim trüben Schimmer des Nachtlichts, wie Mary Poppins nun vollends auspackte.

Sie entnahm der Teppichtasche sieben Flanellnachthemden und vier baumwollene, ein Paar Schuhe, ein Dominospiel, zwei Bademützen und ein Postkartenalbum. Ganz zuletzt kam ein zusammenklappbares Feldbett nebst Woll- und Daunendecke zum Vorschein, das sie zwischen Johns und Barbaras Bettchen aufschlug.

Jane und Michael saßen, die Arme um die hochgezogenen Knie geschlungen, und sahen zu. Es war alles so merkwürdig, dass es ihnen die Sprache verschlug. Aber sie wussten beide, heute war mit Nummer siebzehn etwas Wunderbares und höchst Seltsames geschehen.

Inzwischen hatte Mary Poppins eins ihrer Flanellhemden über den Kopf gezogen und begann, sich darunter auszuziehen wie unter einem Zelt. Michael, von dieser neuen Merkwürdigkeit ganz begeistert, konnte nicht länger den Mund halten.

»Mary Poppins«, rief er aufgeregt, »du gehst doch nie wieder von uns fort?«

Mary Poppins' Kopf tauchte aus dem Nachthemd auf.

»Ich bleibe, bis der Wind umschlägt«, sagte sie kurz, blies die Kerze aus und ging ins Bett.

»Dann ist ja alles in Ordnung«, sagte Michael, halb zu sich selbst und halb zu Jane. Aber Jane hörte gar nicht hin. Sie dachte über alles nach, was sich ereignet hatte, und machte sich ihre Gedanken.

So kam es, dass Mary Poppins im Kirschbaumweg Nummer siebzehn wohnte. Und wenn sich die Bewohner auch manchmal nach den ruhigeren, im üblichen Trott verlaufenen Tagen zurücksehnten, als Katie Nanna noch das Haus regiert hatte, so waren sie im Ganzen über Mary Poppins' Ankunft doch recht froh. Mr Banks freute sich, dass er dem Polizisten kein Trinkgeld hatte geben müssen, weil sie von selber gekommen war und den Verkehr nicht aufgehalten hatte. Und Mrs Banks war zufrieden, weil sie allen Leuten erzählen konnte, *ihr* Kindermädchen sei so vornehm, dass es nichts von Zeugnissen halte. Mrs Brill und Ellen waren glücklich, weil sie den ganzen Tag in der Küche starken Tee trinken konnten und nicht mehr das Abendessen der Kinder beaufsichtigen mussten. Auch Robertson Ay war froh, denn Mary Poppins besaß nur ein Paar Schuhe und die putzte sie selber.

Aber nie hat jemand erfahren, was Mary Poppins bei alledem fühlte. Mary Poppins verriet sich mit keinem Sterbenswörtchen.

2. KAPITEL

Mary hat Ausgang

»Jeden dritten Donnerstag«, sagte Mrs Banks, »von zwei bis fünf.«

Mary Poppins warf ihr einen verweisenden Blick zu. »Die feinen Leute, Mrs Banks, geben jeden zweiten Donnerstag frei, von eins bis sechs. Und das verlange ich auch, oder ...« Mary Poppins legte eine Pause ein und Mrs Banks wusste, was sie damit andeuten wollte. Es hieß, Mary Poppins würde nicht bleiben, wenn sie nicht bekam, was sie wollte.

»Gut, gut«, sagte sie rasch; wenn es ihr auch lieber gewesen wäre, Mary Poppins hätte nicht so viel besser über die feinen Leute Bescheid gewusst als sie selbst.

So zog denn Mary Poppins ihre weißen Handschuhe an und nahm ihren Schirm unter den Arm, nicht weil es regnete, sondern weil er einen so schönen Griff hatte, dass sie ihn unmöglich daheim lassen konnte. Wie konnte man auch auf einen Schirm verzichten, der einen Papageienkopf als Griff hatte! Zudem war Mary Poppins sehr eitel und wollte so fein aussehen wie irgend möglich. Freilich war sie fest überzeugt, dass sie nie anders als fein aussah.

Jane winkte ihr vom Fenster des Kinderzimmers nach.

»Wohin gehst du?«, rief sie.

»Mach gefälligst das Fenster zu!«, rief Mary Poppins zurück und Janes Kopf verschwand eilig.

Mary Poppins ging den Gartenweg hinunter und öffnete das Tor. Auf der Straße beschleunigte sie ihre Schritte, als hätte sie Angst, der Nachmittag liefe ihr davon, wenn sie ihn nicht festhielt. An der Ecke bog sie nach rechts ab, dann nach links, nickte dem Polizisten, der ihr einen schönen Tag wünschte, herablassend zu, und nun erst hatte sie das Gefühl, dass ihr freier Nachmittag begonnen hatte.
Bei einem leeren Auto blieb sie stehen und setzte sich vor der spiegelnden Windschutzscheibe den Hut zurecht. Dann strich sie ihren Rock glatt, klemmte den Schirm fester unter den Arm, und zwar so, dass der Griff, oder vielmehr der Papagei, für jedermann sichtbar war. Nach diesen Vorbereitungen ging sie weiter und suchte den Streichholzmann auf.
Übrigens hatte der Streichholzmann zwei Berufe. Er verkaufte nicht nur Streichhölzer wie jeder gewöhnliche Streichholzmann, er malte auch Bilder aufs Straßenpflaster. Beide Berufe übte er abwechselnd aus, je nach Wetter. Wenn es regnete, verkaufte er Streichhölzer, da die Nässe seine Bilder ja doch gleich wieder ausgelöscht hätte. Bei Sonnenschein rutschte er den ganzen Tag auf den Knien und zeichnete mit farbiger Kreide Bilder auf den Bürgersteig. Das ging ihm ungeheuer leicht von der Hand und oft konnte man erleben, dass er die eine Straßenseite herauf und die andere herunter gemalt hatte, bevor man selbst noch um die Ecke gebogen war.
Heute, wo es schön, aber kalt war, malte er. Während Mary Poppins, die ihn überraschen wollte, auf Fußspitzen zu ihm hinschlich, fügte er einer Reihe schon fertiger Kunstwerke gerade ein neues hinzu: ein Bild mit zwei

Bananen, einem Apfel und dem Kopf der Königin Elisabeth.

»Hallo!«, rief Mary Poppins ihn leise an.

Ohne sich stören zu lassen setzte er ein paar braune Streifen in die Bananen und umgab Königin Elisabeths Kopf mit einem Kranz brauner Locken.

»Hm, hm«, räusperte sich Mary Poppins mit damenhafter Zurückhaltung.

Er fuhr auf und erkannte sie.

»Mary!«, rief er und sein Ton ließ vermuten, dass sie in seinem Leben eine sehr wichtige Rolle spielte.

Mary Poppins blickte auf ihre Füße und fuhr mit der Schuhspitze ein paarmal über das Pflaster. Dann lächelte sie den Schuh auf eine Art an, dass der Schuh merken musste, das Lächeln galt gar nicht ihm.

»Ich hab doch heut Ausgang, Bert, hast du's vergessen?«

Bert war der Name des Streichholzmanns – sonntags hieß er Herbert Alfred.

»Natürlich hab ich daran gedacht, aber ...« Er schwieg und sah betrübt in seine Mütze. Sie lag am Boden neben dem letzten Bild und enthielt nur zwei Groschen. Er hob sie auf und klapperte mit den Münzen.

»Mehr hast du nicht verdient, Bert?«, erkundigte sich Mary Poppins, aber in fröhlichem Tonfall. Man hätte kaum sagen können, sie sei enttäuscht.

»Das ist alles«, sagte er, »das Geschäft geht heute schlecht. Man sollte meinen, jeder würde gern was bezahlen, um sich das hier ansehen zu dürfen.« Und er nickte der Königin Elisabeth liebevoll zu. »So ist das, Mary«, seufzte er. »Kann dich heut nicht zum Tee einladen, leider.«

Mary Poppins dachte an die Himbeertörtchen, die sie an ihrem Ausgehtag immer bekam, und ihr wollte schon ein Seufzer entschlüpfen, als sie das Gesicht des Streichholzmanns sah. Geschwind hielt sie den Seufzer zurück und lächelte stattdessen – ein richtiges Lächeln, bei dem sich ihre Mundwinkel hoben.

»Ist schon recht, Bert«, sagte sie. »Das macht gar nichts, möchte ohnehin keinen Tee heute. Schwer verdauliches Zeug, finde ich.«

Und das war wirklich nett von Mary Poppins, wenn man bedenkt, wie gern sie Himbeertörtchen aß.

Das dachte wohl auch der Streichholzmann, denn er nahm ihre weiß behandschuhte Hand in seine und drückte sie fest. Dann wanderten sie zusammen an der Bilderreihe entlang.

»Da ist eins, das hast du noch nicht gesehen«, sagte er stolz und deutete auf ein Bild. Es zeigte einen Schneeberg, dessen Abhänge mit Grashüpfern geradezu besät waren, die auf riesengroßen Rosen saßen.

Diesmal konnte Mary Poppins aufseufzen ohne seine Gefühle zu verletzen.

»O Bert, was für ein herrliches Werk!« Und durch die Art, wie sie es sagte, ließ sie ihn fühlen, dass von Rechts wegen das Bild in der Königlichen Akademie hängen müsste. Das ist ein großer Saal, in dem berühmte Leute die Bilder aufhängen, die sie gemalt haben. Alles geht hin, um sie sich anzusehen, und nach längerer Betrachtung sagt einer zum andern: »Nein, so was – mein Lieber!«

Das nächste Bild, an das Mary Poppins und der Streichholzmann herantraten, war womöglich noch schöner. Es war eine Landschaft – lauter Bäume und Rasen, ein Stückchen blaues Meer und im Hintergrund etwas, das aussah wie der Badeort Margate.

»Mein Gott!«, rief Mary Poppins bewundernd und bückte sich, um alles noch besser zu sehen. »Aber, Bert, was ist denn?«

Der Streichholzmann hatte auch ihre andere Hand ergriffen und sah ganz aufgeregt aus.

»Mary! Ich hab eine Idee! Wirklich eine Idee! Warum gehen wir nicht hin – gleich jetzt – gleich heute? Wir beide, hinein in das Bild! Was meinst du, Mary?« Und ihre Hände noch immer in den seinen, zog er sie von der Straße fort, weg von den eisernen Geländern und Laternenpfählen, geradewegs in das Bild hinein. Pfff! Da standen sie nun, mittendrin!

Wie grün es hier war und wie still; und wie weich war das

frische Gras unter ihren Füßen! Kaum war es zu fassen und doch streiften grüne Zweige raschelnd über ihre Köpfe, wenn sie unter ihnen durchschlüpften, und kleine bunte Blumen schmiegten sich um ihre Schuhe. Sie staunten einander an und jeder sah, dass sich der andere verwandelt hatte. Mary Poppins schien es, als habe sich der Streichholzmann einen neuen Anzug gekauft, denn er trug jetzt einen hellen, grün und rot gestreiften Rock zu weißen Flanellhosen und, das Schönste von allem, einen neuen Strohhut. Er sah so ungewohnt sauber aus, wie frisch aufpoliert.

»Du siehst aber fein aus, Bert!«, rief sie bewundernd.

Bert konnte nicht gleich antworten, denn er sperrte vor Staunen Mund und Augen auf. Dann schluckte er und sagte: »Dunnerlittchen!«

Das war alles. Aber wie er das sagte! Dabei staunte er sie an, so unverwandt und entzückt, dass sie ihrer Tasche einen kleinen Spiegel entnahm und sich darin betrachtete.

Ja, auch sie selbst, das sah sie nun, hatte sich verwandelt. Um ihre Schultern hing ein herrlicher Mantel aus Kunstseide, über und über zart gemustert, und das Kitzeln im Nacken rührte von einer langen gekräuselten Feder her, die, wie der Spiegel ihr zeigte, vom Hutrand herabhing. Ihre Sonntagsschuhe waren verschwunden und an ihrer Stelle hatte sie andere an, noch schönere, mit großen, blitzenden Diamantschnallen. Noch immer aber trug sie die weißen Handschuhe und den Regenschirm.

»Du meine Güte!«, rief Mary Poppins. »Das nenne ich einen Ausgehtag!«

Sich gegenseitig bewundernd, wanderten sie zusammen durch das Wäldchen, bis sie endlich zu einer sonnigen Lichtung kamen. Dort stand auf einem grünen Tischchen der Nachmittagstee bereit. In der Mitte war ein Berg von Himbeertörtchen aufgebaut, der ihr bis an die Taille reichte; daneben dampfte Tee in einer großen Messingkanne. Und das Beste von allem waren zwei Teller mit Schnecken und zwei Gabeln, um sie herauszupicken.

»Ich werd verrückt!«, rief Mary Poppins. Das sagte sie immer, wenn sie glücklich war.

»Dunnerlittchen!«, sagte der Streichholzmann nur; das sagte *er* immer.

»Wollen Sie nicht Platz nehmen, meine Dame?«, ertönte eine Stimme.

Sie drehten sich um und sahen einen großen Mann im schwarzen Frack, der, eine Serviette überm Arm, aus dem Wald trat.

Aufs höchste überrascht, setzte sich Mary Poppins mit einem Plumps auf einen der kleinen grünen Stühle, die um den Tisch standen. Der Streichholzmann sank sprachlos auf einen anderen.
»Ich bin der Kellner, wenn Sie gestatten«, erklärte der schwarz Befrackte.

»Ach! Aber auf dem Bild habe ich Sie nicht gesehen«, sagte Mary Poppins.

»Ich stand nur hinter einem Baum«, antwortete der Kellner.

»Wollen Sie sich nicht setzen?«, fragte Mary Poppins zuvorkommend.

»Kellner setzen sich nie, meine Dame«, entgegnete er, durch die Frage geschmeichelt.

»Ihre Schnecken, mein Herr!« Er schob dem Streichholzmann die eine Platte zu. »Und hier Ihre Gabel.« Er wischte sie mit der Serviette ab, bevor er sie auf den Tisch legte.

Nun machten sie sich an ihren Nachmittagstee. Der Kellner blieb neben ihnen stehen um zu sehen, ob sie auch alles hatten, was sie brauchten.

»Wir kriegen also doch noch welche!«, entfuhr es Mary Poppins mit einem vernehmlichen Seufzer, als sie sich dem Berg von Himbeertörtchen zuwandte.

»Dunnerlittchen!«, bestätigte der Streichholzmann und nahm sich die beiden größten Stücke.

»Tee?«, fragte der Kellner und schenkte jedem eine große Tasse voll ein.

Sie tranken Tee und ließen sich noch zweimal nachgießen und dann vertilgten sie hochbefriedigt die Himbeertörtchen. Bald danach standen sie auf und fegten die Krümel vom Tisch.

»Nichts zu bezahlen!«, sagte der Kellner, ehe sie noch Zeit hatten nach der Rechnung zu fragen. »Es war mir ein Vergnügen. Das Karussell ist dort drüben!« Er deutete mit der Hand zu einer kleinen Lichtung hinüber, wo sich, wie Mary Poppins und der Streichholzmann jetzt sahen, ein paar Holzpferde auf einer Plattform drehten.

»Wie komisch«, sagte sie, »ich kann mich nicht erinnern sie auf dem Bild gesehen zu haben.«

»Ach«, sagte der Streichholzmann, der sich auch nicht daran erinnerte, »die waren im Hintergrund, verstehst du.«

Als sie auf das Karussell zutraten, verlangsamte es gerade die Fahrt. Sie sprangen auf, Mary Poppins auf ein schwarzes Pferd und der Streichholzmann auf ein graues. Und als die Musik wieder begann und das Karussell sich in Bewegung setzte, ritten sie den ganzen Weg nach Yarmouth und zurück, denn das war der Ort, den sie am liebsten sehen wollten.

Als sie zurückkamen, war es fast dunkel und der Kellner hielt schon Ausschau nach ihnen. »Bedaure, meine Herrschaften«, sagte er höflich, »aber wir schließen um sieben. Vorschrift, Sie verstehen? Darf ich Ihnen den Ausgang zeigen?«

Sie bejahten und er ging, seine Serviette schwenkend, vor ihnen her durch den Wald.

»Ein wunderbares Bild hast du diesmal gemalt, Bert!«, lobte Mary Poppins, schob ihre Hand in den Arm des Streichholzmanns und zog den Mantel fester um sich.

»Man tut, was man kann!«, sagte der Streichholzmann bescheiden. Aber man sah, er war mit sich recht zufrieden.

In diesem Augenblick blieb der Kellner vor einem großen weißen Tor stehen, das aussah, als bestünde es aus dicken Kreidebalken.

»Da sind wir«, sagte er. »Hier ist der Ausgang.«

»Leben Sie wohl, und recht schönen Dank«, sagte Mary Poppins und gab ihm die Hand.

»Leben Sie wohl, Madam.« Der Kellner verbeugte sich. Dann nickte er dem Streichholzmann zu, der den Kopf auf die Seite legte und dem Kellner mit einem Auge zublinzelte, womit er ihm auf seine Art Lebewohl sagte. Schließlich trat Mary Poppins durch das weiße Tor und der Streichholzmann folgte ihr.
Während sie weitergingen, fiel die Feder von ihrem Hut, der seidene Mantel von ihren Schultern und die Diamantschnallen fielen von ihren Schuhen. Der neue Anzug des Streichholzmanns wurde schäbig und sein Strohhut verwandelte sich wieder in seine alte speckige Mütze.
Mary Poppins drehte sich nach ihm um und wusste sofort, was geschehen war. Sie blieb stehen und sah ihn an, eine kleine Ewigkeit lang. Dann spähte sie in den Wald. Aber der Kellner war nirgends zu sehen. Kein Mensch war in dem Bild, nichts bewegte sich darin. Sogar das Karussell war verschwunden. Geblieben waren nur die stillen Bäume und der Rasen und das regungslose Stückchen Meer.
Aber Mary Poppins und der Streichholzmann lächelten sich an. Sie wussten, was hinter den Bäumen lag ...

Als Mary Poppins von ihrem Ausgang zurückkehrte, rannten ihr Jane und Michael entgegen.
»Wo warst du?«, fragten sie.
»Im Märchenland«, antwortete Mary Poppins.
»Hast du Aschenbrödel gesehen?«, erkundigte sich Jane erwartungsvoll.
»Was? Aschenbrödel? Nichts für mich«, sagte Mary Poppins geringschätzig. »Ausgerechnet Aschenbrödel!«
»Oder vielleicht Robinson Crusoe?«, fragte Michael.

»Robinson Crusoe – puh!« Mary Poppins rümpfte die Nase.
»Wie kannst du dann dort gewesen sein? Es war bestimmt nicht unser Märchenland!«
Mary Poppins schnaufte verächtlich.
»Wisst ihr denn nicht, dass jeder sein eigenes Märchenland hat?«, fragte sie mitleidig.
Und hochmütig ging sie die Treppe hinauf, um die weißen Handschuhe und den Schirm abzulegen.

3. KAPITEL

Lachgas

»Bist du ganz sicher, dass er daheim ist?«, fragte Jane, als sie mit Michael und Mary Poppins aus dem Omnibus stieg.
»Hätte mein Onkel mich gebeten, euch zum Tee mitzubringen, wenn er ausgehen wollte?«, sagte Mary Poppins, die über diese Frage sehr beleidigt schien. Sie trug ihren blauen Mantel mit den Silberknöpfen und den dazu passenden blauen Hut, und wenn sie so angezogen war, war es sehr leicht, sie zu beleidigen.
Alle drei waren auf dem Weg zu Mr Schopf, Mary Poppins' Onkel, um ihm einen Besuch abzustatten. Jane und Michael hatten sich auf diesen Besuch so gefreut, dass sie halb und halb fürchteten, Mr Schopf könnte am Ende doch nicht daheim sein.
»Warum heißt er eigentlich Mr Schopf? – Hat er denn einen?«, wollte Michael wissen, während er eifrig neben Mary Poppins herlief.
»Er heißt Mr Schopf, weil das sein Name ist. Und er hat keinen Schopf, sondern eine Glatze«, sagte Mary Poppins. »Und wenn ihr noch mehr Fragen auf Lager habt, dann kehren wir gleich wieder um.«
Und sie zog verschnupft die Luft durch die Nase, wie immer, wenn ihr etwas nicht passte.
Jane und Michael zwinkerten sich heimlich zu. Das hieß:

Wir wollen sie nichts mehr fragen, sonst kommen wir nie hin.

Mary Poppins rückte vor dem Tabakladen an der Ecke den Hut zurecht. Der Laden hatte eines jener merkwürdigen Fenster, in denen du dich gleich dreimal siehst, und wenn du lange genug hineinschaust, kommt es dir schließlich vor, als wärst du nicht du selber, sondern ein Haufen fremder Leute. Mary Poppins jedoch seufzte vor Vergnügen, als sie sich dreimal sah, jedes Mal im blauen Mantel mit Silberknöpfen und dem dazu passenden Hut. Sie fand den Anblick reizend, sie hätte sich am liebsten ein Dutzend Mal darin gesehen, wenn nicht gar dreißigmal. Je mehr Mary Poppins, desto besser!

»Kommt weiter«, sagte sie streng, als hätten die beiden sie warten lassen. Dann bogen sie um die Ecke und zogen an der Glocke des Hauses Robertsonstraße Nummer drei. Jane und Michael hörten einen fernen Widerhall und stellten sich vor, in einer Minute – oder höchstens in zwei – würden sie bei Mr Schopf, dem Onkel von Mary Poppins, am Teetisch sitzen.

»Natürlich nur, wenn er da ist«, flüsterte Jane Michael zu.

Gleich darauf ging die Tür auf und eine dünne blasse Dame erschien.

»Ist er da?«, fragte Michael schnell.

»Ich wäre dir dankbar, wenn du das Reden mir überlassen wolltest«, sagte Mary Poppins und warf ihm einen drohenden Blick zu.

»Guten Tag, Mrs Schopf«, grüßte Jane artig.

»Mrs Schopf!«, begehrte die dünne Dame auf, mit einer Stimme, die noch dünner war als sie selbst. »Was fällt dir ein, mich Mrs Schopf zu nennen. Nee, danke schön! Ich bin Miss Dattelpflaum und stolz darauf. Mrs Schopf! So was!« Sie schien sehr aufgebracht zu sein und da dachten die Kinder, Mr Schopf müsse ein recht seltsamer Herr sein, wenn Miss Dattelpflaum solchen Wert darauf legte, nicht Mrs Schopf zu sein.

»Da hinauf, oben die erste Tür«, sagte Miss Dattelpflaum und verzog sich rasch den Gang hinunter. »Mrs Schopf – so was!«, schimpfte sie dabei mit ihrer hohen dünnen Stimme vor sich hin.

Jane und Michael folgten Mary Poppins die Treppe hinauf. Oben klopfte sie an die Tür.

»Herein! Herein! Herzlich willkommen!«, erklang drinnen eine laute, fröhliche Stimme. Janes Herz klopfte stürmisch vor Aufregung.

Er ist da – bedeutete sie Michael mit einem Blick.

Mary Poppins öffnete die Tür und schob die Kinder vor sich her. Ein großer freundlicher Raum lag vor ihnen. Links in der Ecke brannte ein helles Kaminfeuer und in der Mitte stand ein großer Tisch, zum Tee gedeckt: vier Tassen und Teller, Berge von Butterbroten, Kuchen, Kokosnussbrötchen und ein großer Königskuchen mit rosa Zuckerguss.

»Ei, das ist aber eine Freude!«, wurden sie von einer dröhnenden Stimme begrüßt. Jane und Michael sahen sich um. Es war niemand zu sehen. Das Zimmer schien leer. Da hörten sie Mary Poppins ärgerlich ausrufen:

»Aber Onkel Albert – doch nicht schon wieder! Du hast doch heut nicht Geburtstag.«

Dabei schaute sie zur Decke hinauf. Jane und Michael folgten ihrem Blick und sahen zu ihrer Überraschung

einen runden, dicken, kahlköpfigen Mann in der Luft schweben, ohne dass er sich irgendwo festhielt. Wahrhaftig, er saß in der Luft, ein Bein über das andere geschlagen, und hatte die Zeitung, worin er eben noch gelesen hatte, neben sich gelegt.
»Meine Liebe«, sagte Mr Schopf und lächelte zu den Kindern hinunter, während er Mary Poppins schuldbewusst ansah. »Es tut mir Leid, aber ich fürchte, ich hab heut Geburtstag!«
»Tz, tz, tz«, machte Mary Poppins.
»Es fiel mir erst heute Nacht ein und mir blieb keine Zeit mehr, eine Postkarte zu schreiben und euch zu bitten, ein andermal zu kommen. Sehr bedauerlich, wie?«, und er blickte zu Jane und Michael hinunter.
»Ihr seid recht erstaunt, wie ich sehe«, stellte er fest. Und wirklich, beiden stand vor Staunen der Mund offen, weit genug, dass Mr Schopf, wäre er ein bisschen kleiner gewesen, leicht hätte hineinfallen können.
»Ich will es euch lieber erklären«, fuhr Mr Schopf in aller Gemütsruhe fort. »Seht ihr, das ist so: Ich bin ein lustiger Mensch und lache gern. Ihr beide werdet kaum glauben, wie vieles auf dieser Welt mir schrecklich komisch vorkommt. Wirklich, ich muss fast über alles lachen.«
Bei diesen Worten begann Mr Schopf, hin und her zu schaukeln und sich beim Gedanken an seine eigene Lustigkeit vor Lachen zu schütteln.
»Onkel Albert!«, rief Mary Poppins und mit einem Ruck hörte Mr Schopf auf zu lachen.
»Verzeih, meine Liebe. Wo bin ich doch stehen geblieben? Ach ja. Nun, das Sonderbare bei mir ist – schon recht, Mary, ich lach nicht mehr, wenn's irgend geht – aber

jedes Mal, wenn mein Geburtstag auf einen Freitag fällt, bin ich ganz aus dem Häuschen. Einfach aus dem Häuschen!«

»Aber warum ...?«, begann Jane.

»Wieso denn ...?«, fiel Michael ein.

»Na, seht ihr! Wenn ich an meinem Geburtstag lache, fülle ich mich so mit Lachgas, dass ich mich einfach nicht mehr auf dem Boden halten kann. Selbst wenn ich nur lächle, fängt es schon an. Der erste lustige Gedanke, und ich gehe hoch wie ein Ballon. Und solange ich nicht an was Ernstes denken kann, komme ich nicht wieder herunter.« Schon fing Mr Schopf wieder an, höchst vergnügt vor sich hin zu kichern, doch nach einem Blick auf Mary Poppins' Gesicht unterdrückte er sein Lachen und fuhr fort:

»Natürlich ist es peinlich, aber sonst nicht unangenehm. Euch beiden ist so was wohl noch nicht passiert?«

Jane und Michael schüttelten den Kopf.

»Nein? Das hab ich mir gedacht. Es scheint eine Spezialität von mir zu sein. Einmal – ich war am Abend im Zirkus gewesen – hab ich so gelacht, dass ich, ob ihr's glaubt oder nicht, ganze zwölf Stunden hier oben bleiben musste. Erst als die Uhr um Mitternacht den letzten Schlag tat, kam ich wieder herunter. Das geschah natürlich mit einem tüchtigen Plumps, denn es war ja nun Samstag und mein Geburtstag vorbei. Findet ihr das nicht merkwürdig? Urkomisch? Wie? Heute ist wieder Freitag und abermals mein Geburtstag. Und gerade heut kommt ihr beiden mit Mary Poppins zu Besuch. O Gott, o Gott, bringt mich bloß nicht zum Lachen, ich bitte euch!«

Aber obwohl Jane und Michael nichts Komisches getan,

sondern ihn nur voll Staunen angestarrt hatten, fing Mr Schopf wieder an, laut zu prusten. Dabei sprang und tanzte er in der Luft herum, schwenkte die Zeitung und die Brille rutschte ihm von der Nase.

Es sah so lächerlich aus, wie er da in der Luft herumhopste, ein riesiger Luftballon, wobei er manchmal nach der Decke und manchmal im Vorbeistreifen nach der Gaslampe griff, dass Jane und Michael, wenn sie auch krampfhaft versuchten, artig zu sein, einfach nichts anderes tun konnten als zu lachen. Und wie lachten sie! Sie pressten mit aller Macht ihre Lippen zusammen, um nicht herauszuplatzen, aber umsonst. Schließlich wälzten sich beide auf dem Fußboden und schrien und quietschten vor Lachen.

»Unerhört!«, sagte Mary Poppins. »Wirklich unerhört, so ein Benehmen ...!«

»Ich kann nichts dafür, ich kann nichts dafür!«, ächzte Michael und rollte dabei ans Kamingitter. »Es ist so schrecklich komisch. O Jane, ist es nicht komisch?«

Jane antwortete nicht, denn mit ihr geschah etwas Merkwürdiges. Beim Lachen spürte sie, wie sie immer leichter wurde, als werde sie mit Luft voll gepumpt. Es war ein höchst seltsames und dabei köstliches Gefühl, das sie immer mehr zum Lachen brachte. Plötzlich gab es einen tüchtigen Ruck und sie spürte, wie sie in die Luft stieg. Verblüfft sah Michael sie durchs Zimmer schweben. Mit einem kleinen Bums stieß ihr Kopf an die Decke und dann schwebte sie an ihr entlang, bis sie bei Mr Schopf landete.

»Hoppla!«, sagte der und sah ganz überrascht aus. »Erzähl mir bloß nicht, du hättest heute auch Geburtstag.«

Jane schüttelte den Kopf.

»Also nicht? Dann muss das Lachgas ansteckend sein. He – halt, aufgepasst! Der Kaminsims!« Das galt Michael, der sich plötzlich vom Boden gelöst hatte und nun, brüllend vor Lachen, durch die Luft schoss. Ums Haar hätte er beim Vorbeistreifen die Porzellanfiguren vom Kaminsims gefegt. Mit einem Schwupp landete er direkt auf Mr Schopfs Knie.

»Willkommen!«, sagte der und schüttelte Michael herzlich die Hand. »Das finde ich wirklich nett von dir, wirklich sehr nett, dass du zu mir heraufkommst, da ich nicht zu dir hinunterkann – wie?« Dann sahen er und Michael sich an, warfen den Kopf zurück und schrien vor Lachen.

»Du denkst sicher, ich hätte die schlechtesten Manieren der Welt«, sagte Mr Schopf zu Jane und wischte sich die Augen. »Aber du stehst ja immer noch und solltest schon längst sitzen – eine so hübsche junge Dame wie du. Leider kann ich dir hier oben keinen Stuhl anbieten, doch ich hoffe, du sitzt auch auf der Luft ganz bequem. So wie ich.«

Jane versuchte es und fand, dass es sich hier in der Luft ganz behaglich sitzen ließ. Sie nahm ihren Hut ab und legte ihn neben sich; auch er schwebte ohne jeden Halt frei im Raum.

»So ist's recht«, sagte Mr Schopf. Dann wandte er sich um und schaute zu Mary Poppins hinunter.

»Hallo, Mary, wir sind untergebracht. Nun kann ich mich endlich um dich kümmern, meine Liebe. Ich möchte dir sagen, es macht mich sehr glücklich, dich und meine beiden jungen Freunde hier zu begrüßen – warum schaust du so finster drein, Mary? Ich glaube, du bist nicht ganz einverstanden mit – hm, mit alldem?«

Er deutete auf Jane und Michael und sagte schnell: »Sei nicht böse, liebe Mary! Du weißt doch, wie das mit mir ist. Ich muss sagen, mir ist nie der Gedanke gekommen, meine beiden jungen Freunde hier könnten angesteckt werden. Nicht im Traum, Mary! Ich hätte sie wohl doch besser an einem anderen Tag einladen oder versuchen sollen, an etwas recht Trauriges zu denken oder an etwas ...«

»Ich muss gestehen«, sagte Mary Poppins steif, »so etwas ist mir in meinem Leben noch nicht begegnet! Und in deinem Alter, Onkel ...«

»Mary Poppins, Mary Poppins«, fiel Michael ein. »Bitte, komm rauf! Denk doch an etwas Lustiges, dann ist es ganz leicht.«

»Ja, komm nur, Mary!«, versuchte Mr Schopf sie zu überreden.

»Hier oben sind wir so allein ohne dich«, rief Jane und

streckte Mary Poppins die Arme entgegen. »Denk doch an was Lustiges.«
»Das hat sie gar nicht nötig«, seufzte Mr Schopf. »Sie kann jederzeit heraufkommen, sie braucht nicht mal zu lachen und das weiß sie auch.«
Er betrachtete Mary Poppins, wie sie da unten am Kamin stand, mit einem sonderbaren Blick.
»Na schön«, sagte sie endlich, »es ist zwar albern und würdelos, aber da ihr schon oben seid und, wie's scheint, nicht mehr herunterkönnt, ist es wohl besser, ich komme auch hinauf.«
Sprach's, legte die Hände an die Seite und schwebte, zur Überraschung von Jane und Michael ohne jedes Lachen, ja ohne den Schimmer eines Lächelns, durch die Luft und setzte sich neben Jane. »Wie oft hab ich dir schon gesagt, du sollst deinen Mantel ausziehen, wenn du ins warme Zimmer kommst«, sagte sie kühl, knöpfte Jane den Mantel auf und legte ihn ordentlich neben den Hut in die Luft.
»Recht so, Mary! So ist's recht«, sagte Mr Schopf befriedigt, während er sich selbst hinunterbeugte und seine Brille auf den Kaminsims legte. »Nun haben wir es uns endlich bequem gemacht ...«
»Es gibt so 'ne Bequemlichkeit und so 'ne!«, sagte Mary Poppins und zog geringschätzig die Luft durch die Nase.
»Nun können wir endlich Tee trinken«, fuhr Mr Schopf fort und tat, als habe er ihre Bemerkung gar nicht gehört. Aber plötzlich machte er ein bestürztes Gesicht.
»Du meine Güte!«, rief er. »Wie schrecklich! Jetzt fällt es mir erst ein – der Tisch steht dort unten und wir sind hier

oben. Was machen wir? Wir hier – und er dort! Das ist ja eine Tragödie – eine ganz schreckliche! Aber ach, es ist trotzdem so komisch!« Er hielt sich das Taschentuch vors Gesicht und prustete hinein. Obwohl Jane und Michael nur ungern auf Kuchen und Törtchen verzichteten, mussten sie mitlachen, so ansteckend wirkte Mr Schopfs Heiterkeit.

Er trocknete sich die Augen.

»Da gibt es nur eins«, sagte er. »Wir müssen an etwas Ernsthaftes denken. An etwas Trauriges, etwas sehr Trauriges. Nur so kommen wir wieder hinunter. Achtung – eins, zwei, drei! An etwas sehr Trauriges, wenn ich bitten darf!«

Sie dachten und dachten, das Kinn in die Hand gestützt.

Michael dachte an die Schule und daran, dass er eines Tages würde hingehen müssen. Aber selbst das schien ihm heute ein Spaß und er musste lachen.

Jane dachte: In vierzehn Jahren bin ich erwachsen. Aber das kam ihr keineswegs traurig vor, eher schön und beinahe lustig. Unwillkürlich musste sie lachen bei der Vorstellung, sie wäre erwachsen, eine erwachsene Jane mit langen Röcken und einer Handtasche.

»Da war doch die arme, alte Tante Emilie«, dachte Mr Schopf laut. »Sie wurde von einem Omnibus überfahren. Traurig! Wirklich traurig! Ganz schrecklich traurig! Arme Tante Emilie! Aber ihr Regenschirm wurde gerettet. Ist das nicht komisch?« Und ehe er sich's versah, krümmte und schüttelte er sich vor Lachen und prustete los beim Gedanken an Tante Emilies Regenschirm.

»Das führt zu nichts!«, rief er und putzte sich die Nase.

»Ich geb's auf. Und meine jungen Freunde hier verstehen sich, scheint es, auch nicht besser aufs Traurigsein als ich. Mary, kannst du nicht helfen? Wir möchten so gern unseren Tee trinken.«

Noch heute wissen Jane und Michael nicht recht, was dann geschah. Genau wissen sie nur eins: Als sich Mr Schopf an Mary Poppins um Hilfe gewandt hatte, begann plötzlich der Tisch unten auf seinen Beinen hin- und herzuwackeln; gleich darauf schwankte er beängstigend. Und dann kam der ganze Tisch unter lautem Klirren des Porzellans durchs Zimmer gesegelt, wobei die Kuchen von den Platten herunter aufs Tischtuch rutschten. Mit einer graziösen Wendung landete der Tisch vor ihnen, und zwar so, dass Mr Schopf jetzt obenan saß.

»Bist ein gutes Mädchen!« Stolz lächelte er seiner Nichte zu. »Ich wusste, du schaffst es. Möchtest du dich nun ans andere Ende setzen und uns einschenken, Mary? Und unsere Gäste rechts und links von mir? So ist's schön«, sagte er lächelnd, als Michael durch die Luft rannte und sich rechts neben ihn setzte. Jane kam an seine linke Seite. Und nun saßen sie alle miteinander oben in der Luft, den Tisch zwischen sich. Nicht ein einziges Butterbrot, ja nicht einmal ein Zuckerstückchen war verloren gegangen.

Mr Schopf schmunzelte befriedigt.

»Zwar ist es wohl üblich, mit Brot und Butter anzufangen«, sagte er zu Jane und Michael, »aber da heut mein Geburtstag ist, wollen wir es umgekehrt machen – was ich schon immer für richtiger hielt. Zuerst also der Kuchen!«

Er schnitt für jeden ein mächtiges Stück ab.

»Noch etwas Tee?«, fragte er Jane. Aber ehe sie noch antworten konnte, wurde unten an der Tür kurz und scharf geklopft.

»Herein!«, rief Mr Schopf.

Die Tür ging auf; da stand Miss Dattelpflaum und brachte auf einem Tablett eine Kanne mit heißem Wasser.

»Ich dachte mir, Mr Schopf«, begann sie und schaute sich suchend im Zimmer um, »dass Sie sicher noch heißes Wasser ... Nein, so was! Noch nie habe ich ...«, stammelte sie, als sie die Gesellschaft in der Luft sitzen sah. »Solch ein Benehmen ist mir noch nie vorgekommen! Mein Lebtag hab ich so was nicht gesehen! Ich hab Sie ja schon immer für ein bisschen verrückt gehalten, Mr Schopf! Aber ich habe ein Auge zugedrückt, weil Sie Ihre Miete bisher stets pünktlich bezahlt haben. Aber so ein Benehmen – mit seinen Gästen in der Luft Tee zu trinken – Mr Schopf – mein Herr, ich muss mich sehr wundern, das schickt sich doch nicht für einen Herrn Ihres Alters – noch nie hab ich ...«

»Aber vielleicht werden Sie, Miss Dattelpflaum«, sagte Michael.

»Werde ich was?«, fragte Miss Dattelpflaum hochmütig.

»Mit Lachgas angesteckt, so wie wir«, sagte Michael.

Miss Dattelpflaum warf zornig den Kopf in den Nacken.

»Junger Mann«, erwiderte sie scharf, »ich hoffe doch, ich habe vor mir selbst zu viel Respekt, um wie ein Gummiball durch die Luft zu hopsen! Nein, danke bestens, ich bleibe fest auf meinen Füßen stehen oder ich will nicht mehr Malchen Dattelpflaum heißen, und ... Ach du liebes bisschen, Allmächtiger! – Was ist denn nun los? Ich kann mich ja nicht mehr auf den Füßen halten, es hebt mich hoch – ich – Hilfe, Hilfe!«

Ganz gegen ihren Willen hatte Miss Dattelpflaum den Boden verloren und taumelte durch die Luft; wie ein Fässchen rollte sie von einer Seite zur andern und balancierte dabei das Tablett in der Hand. Sie weinte fast vor Zorn, als sie den Tisch erreichte und die Kanne mit heißem Wasser hinsetzte.

»Danke schön!«, sagte Mary Poppins ruhig und sehr höflich.

Dann drehte sich Miss Dattelpflaum um und schwebte wieder zur Erde. »So was Unwürdiges – und das mir, einer anständigen, hoch achtbaren Frau! Ich muss gleich zum Doktor …«, hörten die anderen sie vor sich hin murmeln.

Als sie wieder festen Boden berührte, rannte sie schleunigst aus dem Zimmer, händeringend und ohne einen Blick nach rückwärts zu werfen.

»So etwas Unwürdiges!«, ertönte ihre jammernde Stimme noch durch die geschlossene Tür.

»Jetzt kann sie nicht mehr Malchen Dattelpflaum heißen, denn sie blieb nicht fest auf ihren Füßen stehen«, flüsterte Jane Michael zu.

Mr Schopf aber schaute nur Mary Poppins an. Sein Blick war merkwürdig, halb belustigt, halb vorwurfsvoll.

»Mary, Mary! Das hättest du nicht – du lieber Himmel, das hättest du nicht tun sollen, Mary. Das wird die arme, alte Frau nie verwinden. Aber, mein Gott, hat sie nicht komisch ausgesehen, wie sie so durch die Luft taumelte? War das nicht verdammt komisch?«

Er, Jane und Michael konnten sich nicht länger beherrschen; sie wälzten sich keuchend in der Luft herum und hielten sich die Seiten vor Lachen, weil Miss Dattelpflaum gar so komisch ausgesehen hatte.

»Du liebe Güte!«, rief Michael. »Bringt mich nicht noch mehr zum Lachen. Ich halt's nicht mehr aus. Ich platze!«

»Oh, oh, oh!« Jane schnappte nach Luft und drückte die Hand aufs Herz.

»Allmächtiger!«, keuchte Mr Schopf und tupfte sich die Augen mit dem Rockzipfel, weil er sein Taschentuch nicht finden konnte.

»Es wird Zeit, dass wir nach Hause gehen«, schmetterte Mary Poppins' Stimme wie eine Trompete durch das brüllende Gelächter.

Und plötzlich, mit einem Ruck, kamen Jane, Michael und Mr Schopf von der Decke herunter. Mit einem lauten Bums landeten sie auf dem Fußboden. Der Gedanke ans Nachhausegehen löste in ihnen die erste traurige Empfindung dieses Nachmittags aus. Und sobald er auftauchte, war das Lachgas wie weggeblasen.

Jane und Michael seufzten, während sie zusahen, wie Mary Poppins langsam durch die Luft herabschwebte; Janes Hut und Mantel brachte sie mit.

Auch Mr Schopf seufzte tief.

»Wie schade«, sagte er ernüchtert. »Das ist aber traurig, dass ihr schon heimgehen müsst! Noch nie hat mir ein Nachmittag so gut gefallen – euch auch?«

»Noch nie!«, sagte Michael düster. Es machte ihm gar keinen Spaß, wieder auf der Erde zu stehen und kein Lachgas mehr in sich zu haben.

»Nie, nie!«, beteuerte Jane, stellte sich auf die Zehenspit-

zen und gab Mr Schopf einen Kuss auf die runzlige Backe.
»Noch nie, nie, nie!«
Auf der Heimfahrt im Bus saß jeder auf einer Seite von Mary Poppins. Sie waren beide sehr still und genossen noch in der Erinnerung den wunderbaren Nachmittag. Schließlich wandte sich Michael schläfrig an Mary Poppins:
»Macht dein Onkel oft so was?«
»Was macht er?«, fragte Mary Poppins streng, als hätte Michael absichtlich etwas Beleidigendes gesagt.
»Nun – das Hüpfen und Springen und Lachen und In-die-Luft-Hochgehen.«
»In die Luft hoch?« Mary Poppins' Stimme klang sehr hochmütig und ärgerlich. »Was willst du damit sagen, bitte, mit dem ›In-die-Luft-Hochgehen‹?«
Jane versuchte es zu erklären.
»Michael meint – ob dein Onkel oft voller Lachgas ist und ob er oft an der Decke umherrollt und hüpft, wenn ...«
»Umherrollt – und hüpft! Was für ein Einfall! An der Decke umherrollen und hüpfen! Ich muss mich für dich schämen, dass du dir so was einfallen lässt.« Offensichtlich war Mary Poppins sehr beleidigt.
»Aber er hat es doch getan!«, sagte Michael. »Wir haben es doch alle gesehn.«
»Was? Umherrollen und Hüpfen? Was fällt dir ein? Du weißt doch hoffentlich, dass mein Onkel ein anständiger, hoch geachteter Mann ist, der sich ehrlich durchs Leben bringt. Sprich gefälligst mit Respekt von ihm. Und kau nicht auf deinem Billett herum! Herumrollen und Hüpfen! Was für eine Idee!«

Michael und Jane blickten, an Mary Poppins vorbei, einander verständnisvoll in die Augen. Sie hielten den Mund, denn sie hatten schon gelernt, dass es besser war, Mary Poppins nicht zu widersprechen, auch wenn ihnen manches sehr merkwürdig vorkam. Daher hieß der Blick, den sie tauschten: Ist es nun wahr oder nicht? Das mit Mr Schopf? Wer hat Recht, Mary Poppins oder wir?
Aber niemand war da, der es ihnen hätte sagen können.
Mary Poppins saß zwischen ihnen, beleidigt und schweigsam. Bald darauf wurden sie müde, drängten sich näher heran, schmiegten sich an und fielen, noch immer voller Verwunderung, in Schlaf.

4. KAPITEL

Miss Larks Andy

Miss Lark wohnte nebenan.
Aber ehe ich fortfahre, muss ich euch erzählen, wie es nebenan aussah. Das Haus war hochherrschaftlich, bei weitem das stattlichste im Kirschbaumweg. Man wusste, sogar Admiral Boom beneidete Miss Lark um ihr wundervolles Haus, obwohl sein eigenes Schiffsschornsteine hatte statt der Kamine und vorn im Garten einen Flaggenmast. Immer wieder hörten die Bewohner der Straße ihn brummen, wenn er an Miss Larks vornehmem Haus vorbeispazierte: »Verdammt noch mal! Was will die nur mit einem solchen Haus?«
Aber der eigentliche Grund zu Admiral Booms Neid lag darin, dass Miss Larks Haus zwei Eingänge hatte. Einen für Miss Larks Freunde und Verwandte und den andern für die Lieferanten.
Eines Tages machte der Bäcker den Fehler, durch den für die Freunde und Verwandten bestimmten Eingang hereinzukommen; darüber war Miss Lark so erbost, dass sie überhaupt kein Brot mehr von ihm haben wollte.
Aber zu guter Letzt musste sie dem Bäcker wieder verzeihen, denn er war der einzige in der Nachbarschaft, der so flache Hörnchen machte mit so knusprigen Zipfeln. Seitdem konnte sie ihn nicht mehr leiden und deshalb zog er, wenn er kam, den Hut tief ins Gesicht, damit Miss Lark

denken sollte, er sei jemand anders. Aber das dachte sie nie.

Jane und Michael merkten es immer, wenn Miss Lark im Garten war oder den Weg entlangkam; denn sie trug so viele Anhänger und Halsketten und Ohrringe, dass es wie ein Glockenspiel klimperte und klingelte. Jedes Mal sagte sie das Gleiche, wenn sie ihnen begegnete:

»Guten Morgen!« (Oder »Guten Abend!«, wenn es nach dem Essen war.) »Nun, wie geht es uns heute?«

Jane und Michael wussten nie ganz sicher, ob sie sich erkundigte, wie es ihnen ging oder ihr und Andy.

Daher antworteten sie nur: »Guten Abend!« (Oder »Guten Morgen!«, wenn es vor dem Essen war.)

Wo immer die Kinder auch waren, den lieben langen Tag hörten sie Miss Lark mit lauter Stimme rufen:

»Andy, wo bist du?« oder

»Andy, du sollst doch nicht ohne Mantel hinaus!« oder

»Andy, komm zu Mutter!«

Und wer's nicht besser wusste, hätte geglaubt, Andy sei ein kleiner Junge. Übrigens meinte Jane, Miss Lark bilde sich ein, Andy sei ein kleiner Junge. Aber das war er keineswegs. Er war ein Hund – ein kleiner, seidiger, flaumhaariger Hund, der wie ein Pelzmuff aussah, solange er nicht kläffte. Sobald er das tat, merkte man natürlich, dass es ein Hund war. Denn ein Pelzmuff macht niemals so einen fürchterlichen Krach.

Nun, Andy führte ein sehr luxuriöses Leben, man hätte glauben können, er sei der Kalif von Bagdad in einer neuen Verkleidung. Er schlief auf einem seidenen Kissen in Miss Larks Zimmer. Zweimal in der Woche fuhr er im Auto zum Friseur zum Haarwaschen. Zu jeder Mahlzeit

bekam er Sahne und manchmal sogar Austern. Und er besaß vier Mäntel mit Karos und Streifen in verschiedenen Farben.

Andy bekam jeden Tag Sachen geschenkt, die andere Leute nur zum Geburtstag bekommen. Und wenn er Geburtstag hatte, brannten auf seinem Kuchen zwei Kerzen für jedes Jahr, und nicht nur eine.

All das machte Andy in der Nachbarschaft höchst unbeliebt. Die Leute lachten laut, wenn sie ihn auf dem Weg zum Friseur aufrecht im Auto sitzen sahen, angetan mit seinem besten Mantel und eine Pelzdecke über den Füßen. Und an dem Tag, an dem Miss Lark ihm zwei Paar kleine Lederstiefelchen gekauft hatte, damit er bei jedem Wetter in den Park könne, lief vor dem Haus die ganze Straße zusammen um zu sehen, wie er ausgeführt wurde, und alle lachten heimlich hinter der vorgehaltenen Hand.

»Pff!«, machte Michael, als sie ihn eines Tages wieder einmal durch den Zaun beobachteten, der Nummer siebzehn vom Nebenhaus trennte. »Pff, er ist ein Idiot!«

»Woher weißt du das?«, fragte Jane interessiert.

»Ich weiß es, weil ich heute Morgen hörte, wie Vati ihn so genannt hat«, erwiderte Michael.

»Er ist keineswegs ein Idiot, und damit basta!«, sagte Mary Poppins.

Und sie hatte Recht, Andy war kein Idiot, wie ihr gleich merken werdet.

Ihr dürft nicht glauben, dass er Miss Lark etwa nicht schätzte. Das nicht. Er hatte sie sogar auf seine Art gern. Wenn sie ihn für seinen Geschmack auch zu oft küsste, so konnte er doch einem Wesen nicht gram sein, das ihn seit seinen Babytagen sehr verwöhnte. Aber ohne Zweifel langweilte ihn dieses Leben bis zur Verzweiflung. Für ein schönes Stück rohes Fleisch statt der gewohnten Hühnerbrust oder des ewigen Rühreis mit Spargel hätte er die Hälfte seines Vermögens gegeben, wenn er eins gehabt hätte.

Dieser Andy sehnte sich im tiefsten Innern danach, ein ganz gewöhnlicher Hund zu sein. Nie konnte er an seinem Stammbaum vorbei (er hing in Miss Larks Salon an der Wand), ohne dass es ihn heiß überlief. Und oft wünschte er, nie einen Vater, einen Großvater und einen Urgroßvater gehabt zu haben, da Miss Lark so ein Getue damit machte.

Das Verlangen, ein Hund wie alle anderen zu sein, war der Grund, dass sich Andy stets nur ganz gewöhnliche

Hunde zu Freunden wählte. Und sooft sich die Gelegenheit bot, rannte er zum Vordertor, saß dort und passte sie ab, um mit ihnen wenigstens ein paar allgemeine Redensarten tauschen zu können. Aber wenn ihn Miss Lark dort entdeckte, rief sie sofort:
»Andy, Andy, komm herein, mein Liebling! Komm weg von diesen schrecklichen Straßenkötern!«
Ganz klar, dass Andy hineingehen musste; Miss Lark würde sonst herauskommen und ihn hineintragen – welche Schande! Andy rannte die Stufen hinauf, damit seine Freunde nicht hörten, wie Miss Lark ihn ihren »Goldschatz« nannte, ihren »Wonnekloß«, ihr »Zuckerhäschen«.
Andys besonderer Freund war ein mehr als gewöhnlicher Köter, der reinste Kinderschreck. Halb Airedale und halb Vorstehhund, hatte er von beiden Teilen die schlechtere Hälfte erwischt. Wenn es in der Straße eine Rauferei gab, konnte man sicher sein, ihn im dicksten Knäuel zu finden. Dauernd gab es Händel mit dem Briefträger oder dem Polizisten und am liebsten schnüffelte er in Straßenrinnen und Abfalleimern herum. Er war tatsächlich der Schrecken der ganzen Straße und mehr als einer war froh, dass es nicht sein Hund war, und sagte es auch.
Aber Andy liebte ihn und schaute fast immer nach ihm aus. Manchmal reichte es nur zu einem kurzen Beschnüffeln im Park, aber bei günstigeren Gelegenheiten, freilich sehr selten, führten sie ausgedehnte Unterhaltungen am Tor. Von diesem Freund erfuhr Andy allen Stadtklatsch, und die Art, wie jener beim Erzählen roh auflachte, verriet, dass er sich nicht gerade sehr fein ausdrückte.
Meist ertönte dann unversehens Miss Larks Stimme aus

einem Fenster; darauf erhob sich der fremde Hund, streckte Miss Lark die Zunge heraus, wedelte Andy zu und trollte sich, sein Hinterteil schwenkend, wie um zu zeigen, dass es *ihm* nichts ausmachte.

Natürlich war es Andy niemals erlaubt, vors Tor zu laufen, wenn er nicht mit Miss Lark zu einem Spaziergang in den Park ging oder mit einem der Mädchen zum Maniküren seiner Pfoten.

Stellt euch also die Überraschung vor, als Andy eines Tages ganz allein hinter Jane und Michael herjagte, die Ohren zurückgelegt und mit hochgestelltem Schwanz, wie auf der Fährte eines Tigers.

Mary Poppins hielt mit einem Ruck den Kinderwagen an, damit ihn Andy auf seiner Jagd nicht mitsamt den Zwillingen umwarf. Und Jane und Michael riefen dem Vorbeijagenden zu:

»He, Andy! Wo ist dein Mantel?« Michael versuchte, seine Stimme so hoch und aufgeregt klingen zu lassen wie die von Miss Lark.

»Andy, du ungezogener Bengel!« Das war Jane, und da sie ein Mädchen war, glich ihre Stimme eher der von Miss Lark.

Aber Andy guckte beide nur hochmütig an und bellte heftig zu Mary Poppins hinüber.

»Waff-Waff!«, machte er mehrmals hintereinander.

»Moment mal! Ich glaube, zuerst rechts und dann das zweite Haus auf der linken Seite!«, sagte Mary Poppins.

»Waff?«, machte Andy.

»Nein – kein Garten. Nur ein Hinterhof. Das Tor ist gewöhnlich offen.«

Andy bellte wieder.

»Ich bin nicht ganz sicher«, sagte Mary Poppins, »aber ich glaube, es stimmt. Meistens kommt er um die Vesperzeit heim.«

Andy warf den Kopf zurück und jagte im Galopp wieder davon.

Janes und Michaels Augen waren vor lauter Staunen rund wie ein Teller.

»Was hat er gesagt?«, fragten beide zugleich, atemlos.

»Nur so ›Guten Tag!‹«, erwiderte Mary Poppins und schloss ihre Lippen so fest, als sollte ihnen kein Wort mehr entschlüpfen. John und Barbara in ihrem Wagen gluckerten.

»So war es gar nicht!«, rief Michael.

»So kann's nicht gewesen sein!«, meinte Jane.

»Nun, ihr wisst es natürlich besser! Wie gewöhnlich!«, sagte Mary Poppins spöttisch.

»Ich glaub, er hat dich gefragt, wo irgendwer wohnt, er muss ...«, fing Michael wieder an.

»Nun, wenn du's weißt, wozu machst du dir die Mühe und fragst?«, sagte Mary Poppins von oben herab. »Ich bin doch kein Auskunftsbüro!«

»Oh, Michael, sie wird es uns nie sagen, wenn du so redest! Ach bitte, Mary Poppins, sag uns doch, was Andy von dir wollte!«

»Frag ihn doch! Er weiß es ja – der Herr Alleswisser!« Und Mary Poppins wies mit dem Kopf erzürnt auf Michael.

»O nein, ich weiß es nicht. Ich schwöre dir, ich weiß es nicht, Mary Poppins! Bitte, sag's doch!«

»Halb vier. Teezeit!«, sagte Mary Poppins und schwenkte

den Kinderwagen herum; dabei klappte sie den Mund zu wie ein Schnappschloss. Auf dem ganzen Heimweg sprach sie kein Wort. Jane blieb mit Michael zurück.

»Das ist allein deine Schuld!«, sagte sie. »Nun werden wir es nie erfahren!«

»Meinetwegen!« Und Michael stieß seinen Roller rasch vorwärts. »Ich will's gar nicht wissen.«

Aber in Wirklichkeit hätte er es sehr gern gewusst. Und es zeigte sich, dass er, Jane und die anderen noch vor dem Tee alles haargenau erfuhren.

Als sie die Straße überquerten, um zu ihrem Haus zu gelangen, hörten sie von nebenan lautes Geschrei und es bot sich ihnen ein seltsamer Anblick. Die beiden Hausmädchen von Miss Lark rannten wild im Garten herum und schauten unter die Büsche und hinauf in die Bäume, wie Leute, die ihren kostbarsten Besitz verloren haben. Sogar Robertson Ay von Nummer siebzehn vertrieb sich eifrig damit die Zeit, mit einem Besenstiel in Miss Larks Kieswegen herumzustochern, als hoffte er, den vermissten Schatz unter einem Steinchen zu finden. Auch Miss Lark rannte im Garten herum, fuchtelte mit den Armen und rief immerzu: »Andy, Andy! Oh, er ist fort! Mein Liebling ist fort! Wir müssen die Polizei holen. Ich will aufs Ministerium. Andy ist fort! O Gott! O Gott!«

»Die arme Miss Lark«, rief Jane und lief über die Straße. Sie zerfloss vor Mitleid, weil Miss Lark so verstört aussah. Aber schließlich war es Michael, der Miss Lark etwas Trost brachte. Als er eben zum Tor von Nummer siebzehn hineinwollte, schaute er die Straße hinab und da sah er …

»Was? Dort ist doch Andy, Miss Lark! Schauen Sie doch,

dort unten – er kommt gerade um die Ecke, bei Admiral Boom!«

»Wo, wo? Zeig es mir«, rief Miss Lark ganz außer Atem und starrte in die von Michael bezeichnete Richtung.

Und richtig, dort war Andy; er kam so langsam und gleichgültig daher, als wäre überhaupt nichts geschehen. Und neben ihm trottete ein riesiges Tier, halb Airedale und halb Vorstehhund, von beiden Teilen jeweils die schlechtere Hälfte.

»Oh, bin ich froh!«, seufzte Miss Lark laut. »Ein Stein fällt mir vom Herzen.«

Mary Poppins und die Kinder warteten auf der Straße vor Miss Larks Tor, Miss Lark und ihre beiden Hausmädchen lehnten sich über den Zaun, Robertson Ay, der sich von seiner Anstrengung ausruhte, stützte sich auf seinen Besenstiel und alle warteten nur auf Andy.

Gelassen näherten sich die beiden Hunde der Gruppe; sie wedelten keck mit dem Schwanz und hielten die Ohren steif und Andys Augen verrieten, dass er nicht mit sich spaßen ließ, was er auch immer vorhaben mochte.

»Dieser fürchterliche Hund!«, rief Miss Lark und schaute auf Andys Gefährten.

»Schsch! Schsch! Geh heim!«, rief sie.

Aber der Hund legte sich nur aufs Pflaster, kratzte mit der linken Pfote das rechte Ohr und gähnte.

»Geh weg! Geh heim! Schsch, sage ich!«, rief Miss Lark und drohte ihm voll Zorn.

»Und du, Andy, komm sofort herein«, rief sie wieder. »Einfach fortzulaufen – ganz allein und ohne deinen Mantel! Ich bin sehr böse auf dich.«

Andy bellte träge, aber er rührte sich nicht.

»Was fällt dir ein, Andy? Komm sofort herein!«
Andy bellte wieder.
»Er sagt, dass er nicht hereinkommen will«, mischte sich
Mary Poppins ein.
Miss Lark wandte sich um und blickte sie hochmütig an.
»Woher wollen Sie wissen, was mein Hund sagt, wenn ich
fragen darf? Selbstverständlich wird er hereinkommen.«

Andy schüttelte jedoch nur den Kopf und knurrte ein paarmal leise.

»Er will nicht«, sagte Mary Poppins. »Nicht, solange sein Freund nicht mitkommen darf.«

»Dummes Zeug«, sagte Miss Lark barsch. »Nicht möglich, dass er das sagt. Als ob ich solch einen großen, ungeschlachten Köter bei mir im Garten dulden könnte.«

Andy kläffte drei- oder viermal.

»Er sagt, gerade das will er«, sagte Mary Poppins. »Mehr noch, er will fortgehen und so lange bei seinem Freund bleiben, bis ihm erlaubt wird mitzukommen und hier zu bleiben.«

»Oh, Andy, das kannst du nicht – wirklich, das kannst du nicht – nach allem, was ich für dich getan habe.« Miss Lark war dem Weinen nahe.

Andy bellte und wandte sich ab. Der andere Hund stand auf.

»Oh, er meint es wirklich«, schrie Miss Lark. »Ich sehe, dass er darauf besteht. Er will fortgehen.« Sie schluchzte einen Augenblick in ihr Taschentuch, dann putzte sie sich die Nase und sagte: »Also gut, Andy, ich gebe nach. Dieser – dieser ordinäre Hund mag bleiben. Unter der Bedingung natürlich, dass er im Kohlenkeller schläft.«

Erneutes Kläffen von Andy.

»Das lehnt er ab, Miss Lark. Ihr Vorschlag genügt ihm nicht. Sein Freund muss ebenso wie er ein seidenes Kissen bekommen und auch in Ihrem Zimmer schlafen dürfen. Sonst will er mit seinem Freund zusammen im Kohlenkeller schlafen«, sagte Mary Poppins.

»Andy, wie kannst du nur!«, stöhnte Miss Lark. »Dazu werde ich nie meine Zustimmung geben.«

Andy sah drein, als ob er gleich weglaufen wollte. Ebenso der andere Hund.

»Oh, er verlässt mich!«, jammerte Miss Lark. »Also gut, Andy. Ganz wie du willst. Soll er also mit in meinem Zimmer schlafen. Aber ich werde nie wieder ich selbst sein, nie mehr, nie mehr. Solch ein ordinärer Hund!«

Sie wischte sich über die nassen Augen und fuhr fort:

»Das hätte ich nie von dir gedacht, Andy. Aber ich werde nichts mehr sagen, ich behalte meine Gedanken für mich. Und dieses – hm – Tier werde ich Stromer oder Strupp nennen oder …«

Da blickte der andere Hund Miss Lark höchst entrüstet an und Andy bellte laut.

»Sie sagen, dass Sie ihn Willibald nennen sollen, nicht anders«, sagte Mary Poppins. »Willibald sei sein Name.«

»Willibald! Was für ein Name! Das wird ja immer schöner!«, rief Miss Lark verzweifelt. »Was will er denn jetzt?«

Denn Andy bellte schon wieder.

»Er sagt, wenn er zurückkommen soll, dürfen Sie ihm nie wieder einen Mantel anziehen oder ihn zum Friseur bringen, das ist sein letztes Wort!«

Es entstand eine Pause.

»Einverstanden!«, sagte Miss Lark schließlich. »Aber ich warne dich, Andy, mach mich nicht verantwortlich, wenn du dich erkältest und dir den Tod holst!«

Damit wandte sie sich um und schritt hoheitsvoll, die letzten Tränen verschluckend, die Treppe hinauf.

Andy nickte Willibald zu, als sagte er: Auf geht's, und dann trotteten sie Seite an Seite langsam den Gartenweg hinauf, den Schwanz wie eine Fahne schwingend. So folgten sie Miss Lark ins Haus.

»Siehst du, er ist gar kein Idiot«, sagte Jane, während sie die Treppe zum Kinderzimmer hinaufgingen, um Tee zu trinken.
»Nein«, gab Michael zu. »Aber woher, glaubst du, wusste das Mary Poppins?«
»Ich weiß es nicht«, sagte Jane. »Aber sie wird es uns nie und nimmer sagen. Das weiß ich ganz bestimmt.«

5. KAPITEL

Die tanzende Kuh

Jane lag, den Kopf fest in Mary Poppins' großes buntes Taschentuch eingewickelt, mit Ohrenschmerzen im Bett.
»Was für ein Gefühl ist es?«, wollte Michael wissen.
»Als ob in meinem Kopf drin Schüsse knallen!«, antwortete Jane.
»Kanonen?«
»Nein, Knallbüchsen.«
»Ach«, sagte Michael. Er wünschte sich beinahe auch Ohrenschmerzen. Es klang so aufregend.
»Soll ich dir eine Geschichte vorlesen?«, fragte Michael und ging zum Bücherbord.
»Nein, das kann ich nicht aushalten«, sagte Jane und hielt sich mit der Hand das Ohr zu.
»Oder soll ich mich ans Fenster setzen und dir erzählen, was draußen passiert?«
»Ja, bitte!«, sagte Jane.
So saß Michael den ganzen Nachmittag auf der Fensterbank und berichtete ihr, was auf der Straße vorging. Manchmal war es langweilig, manchmal aber höchst aufregend.
»Da kommt Admiral Boom«, sagte Michael zum Beispiel. »Er ist gerade aus seinem Tor getreten und läuft die Straße hinunter. Da ist er. Seine Nase ist noch röter als

sonst und er hat einen Zylinderhut auf. Jetzt geht er am Nebenhaus vorüber ...«

»Sagt er ›Verdammt noch mal!‹?«, wollte Jane wissen.

»Ich kann's nicht hören. Ich nehme es an. Miss Larks zweites Hausmädchen ist im Nachbargarten. Und in unserem Garten ist Robertson Ay. Er kehrt die Blätter zusammen und guckt über den Zaun nach ihr hin. Jetzt setzt er sich und ruht aus.«

»Er hat ein schwaches Herz«, sagte Jane.

»Woher weißt du das?«

»Er hat's mir erzählt. Er sagte, sein Doktor will, dass er so wenig wie möglich arbeitet. Und ich hab gehört, wie Vati sagte, wenn Robertson Ay tut, was sein Doktor will, wird er ihn entlassen. – Oh, wie das knallt und knallt!«, jammerte Jane und griff sich wieder ans Ohr.

»Hallo!«, rief Michael aufgeregt vom Fenster her.

»Was ist los?«, rief Jane zurück und setzte sich auf. »So erzähl doch schon!«

»Was ganz Komisches. Auf der Straße unten ist eine Kuh.«

Michael rutschte auf der Fensterbank hin und her.

»Eine Kuh? Eine richtige Kuh – hier, mitten in der Stadt? Wie komisch! Mary Poppins«, rief Jane, »da unten auf der Straße ist eine Kuh, sagt Michael!«

»Ja, und sie geht sehr langsam und streckt ihren Kopf über jedes Gartentor und schaut herum, als ob sie etwas verloren hätte.«

»Wie gern möcht ich das sehen!«, sagte Jane ganz traurig.

»Schau her!«, sagte Michael, als Mary Poppins jetzt ans Fenster trat. »Eine Kuh! Ist das nicht drollig?«

Mary Poppins warf einen kurzen, scharfen Blick auf die Straße hinunter. Überrascht fuhr sie zurück.
»Aber nein«, sagte sie und wandte sich nach Jane und Michael um. »Das ist gar nicht drollig. Ich kenne die Kuh. Sie war eine gute Freundin meiner Mutter und ich wäre euch dankbar, wenn ihr höflich von ihr sprechen wolltet!« Sie strich ihre Schürze glatt und blickte die beiden streng an.
»Kennst du sie schon lange?«, fragte Michael artig. Er hoffte, wenn er ganz besonders nett war, noch etwas mehr über die Kuh zu hören.

»Schon vor ihrem Besuch beim König«, sagte Mary Poppins.
»Und wann war das?«, fragte Jane in sanft aufmunterndem Ton.
Mary Poppins starrte ins Weite, die Augen auf etwas geheftet, was Jane und Michael nicht sehen konnten. Sie hielten den Atem an und warteten.
»Das ist schon lange her«, sagte Mary Poppins endlich mit beschwörender Stimme wie ein Märchenerzähler. Und schon stockte sie, als versuchte sie, sich an Dinge zu erinnern, die vor langer, langer Zeit geschehen waren. Dann fuhr sie, während ihre Augen, ohne etwas zu sehen, vor sich hin blickten, träumerisch fort: »Die Rote Kuh – so wurde sie genannt. Sie besaß großen Einfluss und war sehr reich (behauptete meine Mutter). Sie lebte auf der besten Wiese ringsum – es war eine prächtige Wiese mit Butterblumen so groß wie Untertassen, und Löwenzahn, der dort fast höher noch als Ginster wuchs. Die ganze Wiese leuchtete hellgelb und golden von all den Butterblumen und Löwenzahnblüten, deren Stängel stramm wie Soldaten im Gras standen. Wenn die Kuh so einen Soldatenkopf abrupfte, reckte sich an seiner Stelle ein anderer auf, in gleich grünem Rock und gleich gelber Mütze.
Sie hatte schon immer hier gelebt – oft erzählte sie meiner Mutter, sie könne sich nicht erinnern, je woanders als auf dieser Wiese gelebt zu haben. Ihre Welt war von grünen Hecken und vom Himmel begrenzt – und sie ahnte nicht, was dahinter lag.
Die Rote Kuh war sehr angesehen; sie benahm sich stets wie eine vollendete Dame und wusste, was sich gehört.

Für sie gab es nur Schwarz oder Weiß – Grau und Rosa kamen gar nicht in Frage. Die Menschen waren gut oder schlecht – dazwischen gab es nichts. Löwenzahn war entweder süß oder bitter – es gab keinen, der nur mittelmäßig schmeckte.

Sie führte ein sehr tätiges Leben. Ihre Vormittage waren mit dem Unterricht ausgefüllt, den sie dem Roten Kalb, ihrer Tochter, erteilte, und nachmittags brachte sie dem kleinen Ding Benehmen und Muhen bei, kurz, alles, was ein wirklich wohlerzogenes Kalb wissen musste. Dann aßen sie zur Nacht und die Rote Kuh lehrte das Rote Kalb, einen guten Grashalm von einem schlechten zu unterscheiden. Und wenn ihr Kind abends schlafen gegangen war, legte sie sich auf die Wiese in eine Ecke, käute wieder und hing ihren eigenen stillen Gedanken nach.

Ein Tag verging wie der andere. Ein Rotes Kalb wuchs auf und verließ sie und ein anderes trat an seine Stelle. Und die Rote Kuh konnte annehmen, dass es immer so sein würde – wirklich, sie fühlte, sie konnte sich nichts Besseres wünschen, als ihr Leben so zu verbringen, bis an ihr Ende.

Aber als sie wieder einmal solchen Gedanken nachhing, war plötzlich das Abenteuer da. So hat sie es später meiner Mutter erzählt. Es überraschte sie eines Nachts, als auch die Sterne wie Butterblumen am Himmel standen und der Mond zwischen den Sternen wie eine riesengroße Gänseblume aussah. In dieser Nacht, das Rote Kalb schlief schon lange, stand die Rote Kuh mit einem Mal auf und begann zu tanzen. Sie tanzte wild und schön und in vollkommenem Rhythmus, obwohl keine Musik da war, nach der sie hätte tanzen können. Zeitweilig war es

eine Polka, zeitweilig ein Schottischer und manchmal sogar ein Tanz, den sie selber erfand. Dazwischen knickste sie, machte schwungvolle Verbeugungen und stieß mit dem Kopf an die Butterblumen.
›Mein Gott‹, sagte die Rote Kuh zu sich selbst, als sie schließlich einen wilden Matrosentanz wagte. ›Was für eine tolle Geschichte! Ich dachte immer, Tanzen gehört sich nicht, aber das kann nicht stimmen, da ich jetzt doch selbst tanze. Ich bin doch eine vorbildliche Kuh.‹
Und sie tanzte weiter und war glücklich. Am Ende wurde

sie müde und sagte sich, sie habe nun genug getanzt und wolle schlafen gehen. Aber da merkte sie überrascht, dass sie gar nicht aufhören konnte zu tanzen. Sie wollte hingehen und sich neben das Rote Kalb legen; ihre Beine ließen es nicht zu. Sie machten weiter Luftsprünge, tänzelten und trugen sie von allein mit sich fort. Rund um die Wiese herum ging's, hüpfend und tanzend und auf den Fußspitzen trappelnd.

›Mein Gott!‹, murmelte sie hin und wieder mit ihrer feinen, damenhaften Stimme vor sich hin. ›Wie peinlich!‹ Aber sie konnte es nicht lassen.

Am Morgen tanzte sie immer noch und das Rote Kalb musste sein Butterblumen-Frühstück ganz allein zu sich nehmen, weil die Rote Kuh nicht Halt machen konnte, um zu fressen. Den ganzen Tag lang tanzte sie über die Wiese und immer wieder rundherum und das Rote Kalb muhte voll Mitleid hinter ihr drein.

Wieder wurde es Nacht, immer noch tanzte sie und konnte nicht aufhören. Da wurde ihr schrecklich bange. Und nach einer Woche unausgesetzten Tanzens war sie nahezu außer sich.

›Ich muss zum König gehn und um Rat fragen‹, sagte sie entschlossen und schüttelte den Kopf.

Sie gab also ihrem Roten Kalb einen Kuss und sprach mahnend: ›Bleib brav.‹ Dann wandte sie sich ab, tanzte aus der Wiese heraus und ging den König fragen. Sie tanzte den ganzen Weg lang, schnappte im Vorübertanzen kleine Büschel Grün von den Hecken und überall, wo sie erschien, machten die Leute große Augen vor Verwunderung. Aber keiner war verwunderter als die Rote Kuh selbst.

Endlich kam sie zu dem Schloss, in dem der König wohnte. Sie zog mit dem Maul an der Klingelschnur, und als das Tor sich auftat, tanzte sie den breiten Gartenweg hinauf bis an die große Treppe, die zu des Königs Thron führte. Hier saß der König und machte wieder mal eifrig neue Gesetze. Ein Sekretär trug sie in ein kleines rotes Notizbuch ein, immer der Reihe nach, so wie sie dem König gerade einfielen. Überall standen Höflinge und Hofdamen; sie waren alle prächtig gekleidet und redeten alle zu gleicher Zeit.

›Wie viel habe ich heute fertig gebracht?‹, fragte der König und wandte sich seinem Sekretär zu. Dieser zählte die Gesetze, die er in das rote Notizbuch eingetragen hatte.

›Zweiundsiebzig, Euer Majestät!‹, sagte er mit tiefer Verbeugung, darauf bedacht, nicht über seinen Federkiel zu stolpern, der besonders lang war.

›Hm. Nicht schlecht für eine Stunde Arbeit‹, sagte der König und schien recht zufrieden mit sich. ›Das ist für heute genug.‹ Er stand auf und legte seinen Hermelinmantel in geschmackvolle Falten.

›Meine Kutsche! Ich muss zum Barbier‹, befahl er königlich.

In diesem Augenblick sah er die Rote Kuh daherkommen. Er setzte sich wieder und nahm das Zepter in die Hand.

›Nanu, was haben wir denn da?‹, fragte er, als die Rote Kuh auf die Treppe zutanzte.

›Eine Kuh, Euer Majestät!‹, sagte sie schlicht.

›Das sehe ich auch‹, sagte der König. ›Ich habe Augen im Kopf. Aber was willst du? Mach schnell! Ich habe um zehn eine Verabredung beim Barbier. Er wartet nicht länger auf mich und ich muss mir das Haar schneiden lassen.

Und um Himmels willen hör auf hier herumzutanzen und -zuspringen!‹, fügte er gereizt hinzu. ›Es macht mich ganz schwindelig.‹

›Ganz schwindelig‹, wiederholten die Höflinge und starrten die Kuh an.

›Das ist es ja eben, Euer Majestät, das ist es. Ich *kann* nicht aufhören!‹, jammerte die Kuh kläglich.

›Du kannst nicht aufhören? Unsinn!‹, sagte der König wütend. ›Sofort hörst du auf! Ich, der König, befehl es dir!‹

›Sofort hörst du auf! Der König befiehlt es dir‹, wiederholten die Hofschranzen.

Die Rote Kuh strengte sich an. Sie gab sich solche Mühe, mit Tanzen aufzuhören, dass ihr die Muskeln und Rippen aus dem Leib traten. Aber es half nichts. Sie musste noch heftiger weitertanzen vor den Stufen des königlichen Throns.

›Ich habe mir alle Mühe gegeben, Euer Majestät. Aber es geht nicht. Ich habe nun schon volle sieben Tage getanzt. Und konnte nicht schlafen und nur sehr wenig fressen. Ein oder zwei Weißdornbüschel – das war alles. So kam ich her, um Euren Rat zu erbitten.‹

›Hm – sehr sonderbar‹, sagte der König, schob seine Krone ein wenig beiseite und kratzte sich am Kopf.

›Sehr sonderbar‹, wiederholten die Hofschranzen und kratzten sich ebenfalls.

›Wie fühlt man sich dabei?‹, fragte der König.

›Sehr komisch‹, erwiderte die Rote Kuh. ›Und doch‹, sie machte eine Pause, als suchte sie nach Worten, ›ist es eher ein angenehmes Gefühl. Als ob es mich innerlich zum Lachen reizte.‹

›Erstaunlich!‹, sagte der König. Er stützte das Kinn in die Hand, blickte nachdenklich auf die Rote Kuh und überlegte, was hier wohl am besten zu tun sei.
Plötzlich sprang er auf und rief: ›Grundgütiger Himmel!‹
›Was ist?‹, riefen die Hofschranzen.
›Aber seht ihr denn nicht?‹ Vor Aufregung ließ der König das Zepter fallen. ›Was war ich doch für ein Dummkopf, dass ich es nicht eher bemerkt habe. Und was für Dummköpfe seid ihr!‹, fuhr er die Hofschranzen wütend an. ›Seht ihr nicht, dass sich auf ihrem Horn eine Sternschnuppe verfangen hat?‹
›Wirklich, da ist sie!‹, riefen die Hofschranzen, die jetzt alle den Stern bemerkten. Und während sie hinsahen, kam es ihnen vor, als würde der Stern immer heller.
›Da stimmt etwas nicht!‹, sagte der König. ›Nun, ihr Herren, wäre es nicht besser, ihr würdet das Ding da wegnehmen, damit diese – hm – Dame mit Tanzen aufhören und ordentlich frühstücken kann? Der Stern ist schuld, Madam, der Stern zwingt Sie zum Tanzen‹, sagte er zur Roten Kuh. ›Also los, dich meine ich.‹
Und er gab dem Oberhofmeister einen Wink; der pflanzte sich mutig vor der Roten Kuh auf und begann, an dem Stern zu ziehen. Der Stern wollte aber nicht abgehen. Die Höflinge stellten sich nun alle in einer Reihe auf, bis sie schließlich eine lange Kette bildeten. Ein jeder fasste seinen Vordermann um den Leib und nun begann zwischen den Schranzen und dem Stern eine Art Tauziehen.
›Vorsicht, mein Kopf!‹, bat die Rote Kuh flehentlich.
›Fester ziehen!‹, rief der König.
Sie zogen fester. Sie zerrten, bis ihre Gesichter himbeerrot

anliefen. Sie zerrten, bis sie nicht mehr konnten und alle rückwärts fielen, einer auf den andern. Der Stern rührte sich nicht. Er blieb fest am Horn stecken.

›Ttt, ttt, ttt!‹, machte der König. ›Sekretär, hol das Lexikon und sieh nach, was dort über Kühe steht, die Sterne auf den Hörnern tragen.‹

Der Sekretär kniete nieder und suchte unter dem Thron herum. Nach einem Weilchen tauchte er mit einem großen grünen Buch wieder auf, das immer dort aufbewahrt wurde für den Fall, dass der König etwas wissen wollte.

Er blätterte darin.

›Hier ist nichts darüber zu finden, Euer Majestät, bis auf die Geschichte von der Kuh, die über den Mond sprang, und die kennt Ihr genau.‹

Der König rieb sich das Kinn, weil ihm das beim Nachdenken half. Er seufzte unmutig und sah die Rote Kuh an.

›Alles, was ich sagen kann, ist: Du versuchst es am besten auch.‹

›Was soll ich versuchen?‹, fragte die Rote Kuh.

›Über den Mond zu springen. Es könnte helfen. Der Versuch lohnt sich, so oder so.‹

›Ich?‹, fragte die Rote Kuh mit einem gekränkten Blick.

›Natürlich du – wer sonst?‹, sagte der König ungeduldig. Er hatte es eilig, zum Barbier zu kommen.

›Majestät‹, bat die Rote Kuh, ›bitte vergesst nicht, dass ich ein ehrbares und hoch angesehenes Tier bin und dass mir von Kind auf eingeprägt wurde, Springen sei keine Beschäftigung für eine Dame.‹

›Verehrteste‹, sagte der König. ›Sie kamen hierher, um meinen Rat einzuholen, und den habe ich Ihnen gegeben.

Möchten Sie ewig so weitertanzen? Möchten Sie ewig hungrig bleiben? Möchten Sie in Zeit und Ewigkeit nicht mehr schlafen?‹

Die Rote Kuh dachte an den frischen, saftigen Geschmack des Löwenzahns. Sie dachte an das Wiesengras und wie weich es sich darauf ruhte. Sie dachte an ihre vom Tanzen ermüdeten Beine und wie schön es wäre, alle viere auszustrecken. Und sie sagte sich: Einmal ist keinmal, schließlich kann es nicht schaden und niemand – außer dem König – braucht es zu wissen.

›Wie hoch, denkt Ihr, ist es?‹, fragte sie laut und tanzte schon wieder.

Der König sah zum Mond hinauf.

›Mindestens eine Meile, schätze ich.‹

Die Rote Kuh nickte. Das dachte sie auch. Einen Augenblick überlegte sie sich's noch, dann aber war sie entschlossen.

›Ich hätte nie gedacht, dass man mir je so etwas zumuten würde. Springen – noch dazu über den Mond! Aber – ich will's versuchen.‹

Sie machte vor dem Thron ihre schönste Verbeugung.

›Brav!‹, sagte der König, erfreut bei dem Gedanken, dass er nun doch noch rechtzeitig zum Barbier käme. ›Folge mir!‹

Er ging in den Garten voraus und die Rote Kuh und die Hofschranzen folgten.

›So‹, sagte der König, als er den großen Rasenplatz erreicht hatte, ›wenn ich dir mit der Pfeife das Zeichen gebe – dann spring!‹

Er zog seine große goldene Pfeife aus der Tasche und blies leicht hinein, um sich zu überzeugen, dass kein Staub

darin war. Die Rote Kuh umtanzte ihn mit gespannter Aufmerksamkeit.

›Jetzt – eins!‹, rief der König.

›Zwei!‹

›Drei!‹

Dann ertönte schrill das Pfeifensignal.

Die Rote Kuh holte einmal tief Luft und setzte an zu einem gewaltigen Sprung. Die Erde blieb unter ihr zurück. Sie sah, wie die Gestalten des Königs und der Hofschranzen kleiner und kleiner wurden, bis sie zuletzt ganz verschwanden. Sie selber schoss in den Himmel hinauf. Die Sterne wirbelten um sie herum wie goldene Teller und geblendet von einem scharfen Licht fühlte sie auf einmal die kalten Mondstrahlen auf ihrer Haut. Sie schloss die Augen, während sie über den Mond hinwegflog, und als der verwirrende Glanz hinter ihr lag und sie den Kopf zur Erde niederbeugte, spürte sie, wie der Stern von ihrem Horn glitt. Laut aufrauschend flog er davon und rollte die Milchstraße hinunter. Und ihr war, als ginge von ihm, während er in der Dunkelheit verschwand, ein herrlich klingender Ton aus, der in den Lüften widerhallte.

Kurz darauf war die Rote Kuh wieder auf der Erde gelandet. Zu ihrer Überraschung stellte sie fest, dass sie nicht im Garten des Königs stand, sondern auf ihrer alten Löwenzahnwiese.

Und das Tanzen hatte aufgehört! Ihre Füße waren so ruhig, als wären sie aus Stein, und sie ging gelassen dahin wie jede andere ehrbare Kuh. Geruhsam und friedlich bewegte sie sich über die Wiese und köpfte auf dem Weg zum Roten Kalb ihre golden leuchtenden Soldaten.

›Schön, dass du wieder da bist!‹, rief das Rote Kalb. ›Ich war so allein!‹

Die Rote Kuh gab ihm einen Kuss und begann behaglich zu fressen. Dies war die erste richtige Mahlzeit seit einer Woche. Und als ihr Hunger endlich gestillt war, hatte sie ganze Regimenter aufgefressen. Danach ging es ihr wieder besser. Sie begann auch bald wieder ihr Leben so zu führen wie bisher. Anfangs genoss sie den stillen, regelmäßigen Tagesablauf und war froh, dass sie frühstücken konnte, ohne zu tanzen, dass sie sich ins Gras legen und des Nachts schlafen konnte, anstatt bis in den Morgen vor dem Mond zu scharwenzeln.

Aber nach einer Weile fühlte sie sich unbehaglich und unzufrieden. Ihre Löwenzahnwiese und ihr Rotes Kalb waren ja ganz schön, aber sie sehnte sich nach etwas anderem und kam nicht darauf, was es war. Schließlich wurde ihr klar, dass sie ihren Stern vermisste. Sie war so ans Tanzen und an das glückliche Gefühl gewöhnt, das der Stern in ihr erweckt hatte, dass sie sich nach dem Matrosentanz sehnte und danach, ihren Stern wieder am Horn zu tragen.

Sie grämte sich und verlor den Appetit, ihre Laune war abscheulich. Und oft genug brach sie ohne jeden ersichtlichen Grund in Tränen aus. Schließlich kam sie zu meiner Mutter und erzählte ihr die ganze Geschichte und fragte sie um ihren Rat.

›Lieber Himmel!‹, sagte meine Mutter zu ihr. ›Du glaubst doch nicht, meine Liebe, dass nur einmal ein Stern vom Himmel gefallen ist! Wie ich höre, fallen jede Nacht wer weiß wie viel Sterne. Aber sie fallen natürlich auf die verschiedensten Plätze. Du kannst nicht erwarten, dass in einem Leben zwei Sterne auf die gleiche Wiese fallen.‹

›Du glaubst also – wenn ich ein Stückchen wandere ...?‹, begann die Rote Kuh und ein glückliches, begieriges Leuchten erwachte in ihren Augen.
›Ich an deiner Stelle – ich würde mir einen Stern suchen gehen‹, sagte meine Mutter.
›Das mach ich‹, sagte die Rote Kuh freudig, ›das mach ich bestimmt.‹« Mary Poppins verstummte.
»Und deshalb, glaube ich, kam sie den Kirschbaumweg entlang«, flüsterte Jane andächtig.
»Ja«, flüsterte Michael, »sie suchte nach ihrem Stern.«
Mit einem kleinen Ruck richtete sich Mary Poppins auf. Der verträumte Blick war aus ihren Augen verschwunden (und die Regungslosigkeit aus ihren Gliedern).
»Komm sofort vom Fenster herunter, mein Junge!«, sagte sie barsch. »Ich werde Licht machen.« Und sie eilte zum Treppenabsatz, wo sich der Schalter befand.
»Michael«, flüsterte Jane vorsichtig. »Sieh noch mal hinaus und schau nach, ob die Kuh noch da ist.«
Geschwind spähte Michael in die wachsende Dunkelheit.
»Schnell!«, sagte Jane. »Kannst du sie sehen?«
»Nei-ein«, sagte Michael und starrte hinaus. »Keinen Schimmer von ihr. Sie ist fort.«
»Ich hoffe nur, dass sie ihn findet!«, sagte Jane und stellte sich vor, wie die Rote Kuh durch die Welt wanderte und nach einem Stern suchte, den sie sich ans Horn stecken könnte.
»Ich auch!«, sagte Michael. Da hörte er Mary Poppins zurückkommen und machte rasch den Vorhang zu.

6. KAPITEL

Ein schlimmer Dienstag

Nicht lange danach erwachte Michael eines Morgens mit einem ganz merkwürdigen Gefühl. Gleich als er die Augen aufschlug, wusste er, dass irgendetwas nicht stimmte, aber er fand nicht heraus, was es eigentlich war.

»Was ist heute, Mary Poppins?«, fragte er und schob die Bettdecke fort.

»Dienstag«, antwortete Mary Poppins. »Geh und lass dir das Bad einlaufen. – Beeil dich!«, setzte sie hinzu, als er keine Anstalten machte aufzustehen. Er drehte sich um und zog sich die Bettdecke über den Kopf. Und das sonderbare Gefühl nahm zu.

»Was hab ich gesagt?«, sagte Mary Poppins in dem kalten, bestimmten Ton, der immer ein Warnsignal war.

Michael wusste jetzt, was mit ihm los war. Er wusste, dass ihn etwas zwang unartig zu sein.

»Ich mag nicht«, sagte er langsam; seine Stimme klang dumpf unter der Bettdecke hervor.

Mary Poppins zog ihm die Decke weg und sah auf ihn herunter.

»Ich mag nicht!«

Er wartete gespannt, was sie tun würde, und war überrascht, als sie wortlos ins Badezimmer ging und selber den Hahn aufdrehte. Er nahm sein Handtuch und ging, als sie herauskam, langsam hinein. Und zum ersten Mal

in seinem Leben badete Michael allein. Er wusste nun, dass er in Ungnade gefallen war, und unterließ es daher, sich hinter den Ohren zu waschen.
»Soll ich das Wasser herauslassen?«, fragte er so patzig wie möglich.
Es kam keine Antwort.
»Dann eben nicht!«, sagte Michael und der heiße, schwere Druck auf seinem Herzen verstärkte sich und wurde immer schwerer. »Mir soll's gleich sein.«
Danach zog er sich an, nahm aber seine besten Sachen, die, wie er genau wusste, nur für sonntags da waren. Und dann ging er hinunter und schlug dabei mit dem Fuß ans Treppengeländer – etwas, was er auch nicht durfte, weil es alle Leute im Haus aus dem Schlaf weckte. Auf der Treppe begegnete er Ellen, dem Zimmermädchen, und stieß ihr im Vorbeigehen die Heißwasserkanne aus der Hand.
»Du bist ein Schussel!«, sagte Ellen und bückte sich, um das Wasser aufzuwischen. »Das war das Rasierwasser für deinen Vater.«
»Ich hab's mit Absicht getan!«, sagte Michael seelenruhig.
Ellens rotes Gesicht wurde ganz weiß vor Überraschung.
»Auch noch mit Absicht? Dann bist du ein ganz abscheulicher Bengel und ich werd's deiner Mama sagen.«
»Sag's doch!«, sagte Michael und ging weiter die Treppe hinunter.
Ja, so fing's an und den ganzen Tag ging's dann so weiter. Das heiße, schwere Gefühl ließ ihn die ärgsten Sachen anstellen, und sobald er eine Untat verübt hatte, fühlte er

sich richtig glücklich und froh und zu einem neuen Streich aufgelegt.
In der Küche bearbeitete Mrs Brill einen Kuchenteig.
»Halt, junger Mann«, sagte sie, »du kannst die Schüssel noch nicht auskratzen, so weit ist es noch nicht.«
Da schob Michael den Fuß vor und gab Mrs Brill ordentlich eins gegen das Schienbein, sodass sie die Teigrolle fallen ließ und laut aufjammerte.
»Du hast Mrs Brill mit dem Fuß gestoßen? Unsere gute Mrs Brill? Ich schäm mich für dich!«, sagte seine Mutter später, als Mrs Brill ihr alles haarklein erzählt hatte.
»Gleich bittest du sie um Verzeihung! Sag, es tut dir Leid, Michael.«
»Es tut mir gar nicht Leid. Froh bin ich. Warum hat sie auch so dicke Beine!« Und ehe die Mutter ihn am Schla-

fittchen packen konnte, rannte er über die Küchentreppe in den Garten. Dort stolperte er durchaus nicht zufällig über Robertson Ay, der mitten in der schönsten Alpenflora in tiefem Schlaf lag. Robertson Ay nahm es sehr übel.

»Ich sag's deinem Papa!«, rief er drohend.

»Und ich werde ihm sagen, dass du heute Morgen die Schuhe nicht geputzt hast«, entgegnete Michael, ein bisschen erschrocken über sich selbst. Bisher hatten er und Jane immer Robertson Ay in Schutz genommen, weil sie ihn gern hatten und ihn nicht verlieren wollten.

Aber der Schrecken dauerte nicht lange und bald begann er zu überlegen, was er jetzt anstellten sollte. Und gleich fiel ihm etwas ein.

Durch die Spalten des Lattenzauns entdeckte er Andy, Miss Larks Andy, der drüben wählerisch am Rasen herumschnüffelte und sich die besten Grasspitzen aussuchte. Michael lockte Andy leise zu sich her und gab ihm einen Keks aus seiner Tasche; während Andy ihn behaglich zerkaute, band er seinen Schwanz mit einer Schnur am Zaun fest. Dann lief er davon und Miss Larks erbostes Kreischen gellte ihm nach, während sein Herz schier zersprang unter dem aufregenden Druck in seinem Innern.

Die Tür zu seines Vaters Zimmer stand offen – denn Ellen hatte soeben die Bücher abgestaubt. Das verlockte Michael, etwas Verbotenes zu tun. Er ging hinein, setzte sich an seines Vaters Schreibtisch und begann, mit seines Vaters Feder das Löschpapier voll zu kritzeln. Auf einmal stieß er mit dem Ellbogen gegen das Tintenfass und warf es um und Stuhl und Schreibtisch und Federhalter und sein eigener Sonntagsanzug waren über und über voll blauer Tintenflecke. Es sah schrecklich aus und Michael bekam Angst, was nun passieren würde. Aber gerade zum Trotz machte er sich nichts daraus – es tat ihm nicht ein bisschen Leid.

»Das Kind muss krank sein«, sagte Mrs Banks, als Ellen – die unversehens ins Zimmer kam und ihn entdeckte – ihr den letzten Streich berichtete.

»Michael, du bekommst jetzt einen Löffel Feigensirup.«

»Mir fehlt nichts. Mir ist wohler als dir!«, sagte Michael frech.

»Dann bist du einfach unartig«, sagte seine Mutter, »und musst deine Strafe bekommen.«

Es dauerte nicht lange und Michael stand samt seinem bekleckten Anzug in einer Ecke des Kinderzimmers mit dem Gesicht zur Wand.

Jane versuchte mit ihm zu reden, als Mary Poppins gerade nicht herschaute, aber er wollte nicht antworten und streckte ihr die Zunge heraus. Nun kamen John und Barbara an die Reihe. Sie rutschten auf dem Boden zu ihm hin, griffen nach seinen Schuhen und jauchzten dabei. Aber er stieß sie unsanft beiseite. Und die ganze Zeit freute er sich seiner Boshaftigkeit und hätschelte sie, als wäre sie sein Liebstes, und nichts bekümmerte ihn.

»Ich will nicht brav sein!«, sagte er laut vor sich hin, als er beim Nachmittagsspaziergang im Park hinter Mary Poppins, Jane und dem Kinderwagen herzottelte.

»Trödle nicht!«, sagte Mary Poppins und schaute sich nach ihm um. Aber er trödelte weiter und schlurfte mit den Schuhen übers Pflaster, damit die Sohlen ordentlich abgeschabt wurden.

Auf einmal drehte Mary Poppins sich um und sah ihn an, eine Hand am Griff des Kinderwagens.

»Du bist heute Morgen auf der verkehrten Seite aus dem Bett gestiegen!«

»Das bin ich nicht«, erwiderte Michael. »Es gibt gar keine verkehrte Seite an meinem Bett.«

»Jedes Bett hat eine richtige und eine verkehrte Seite«, sagte Mary Poppins nachdrücklich.

»Meins nicht – es steht an der Wand.«

»Das ist gleich. Es hat trotzdem zwei Seiten«, sagte Mary Poppins lachend.

»Nun, ist dann die linke oder die rechte Seite die verkehrte? Ich bin nämlich auf der rechten Seite aus dem Bett gestiegen, wie kann es dann verkehrt sein?«

»Beide Seiten waren heute Morgen verkehrt, Mr Besserwisser.«

»Aber mein Bett hat nur eine Seite, und wenn ich an der rechten heraus bin ...«, widersprach er hartnäckig.

»Noch ein Wort von dir ...«, fing Mary Poppins an und sie sagte es in so drohendem Ton, dass Michael ein bisschen ängstlich wurde. »Noch ein Wort, und ich werde ...« Sie sagte nicht, was sie tun würde, trotzdem beschleunigte er seine Schritte.

»Benimm dich doch anständig!«, flüsterte Jane.

»Und du sei still!«, gab er zurück, aber so leise, dass Mary Poppins es nicht hörte.

»So, mein Lieber, du gehst jetzt schneller – vor mir, bitte«, sagte Mary Poppins. »Ich habe keine Lust, dich länger hinterhertrödeln zu lassen. Du tust mir einen Gefallen, wenn du vorausgehst.« Sie schubste ihn nach vorn. »Und dort liegt etwas auf dem Weg, das glitzert und funkelt. Ich wäre dir dankbar, wenn du hingingst und es aufheben und mir herbringen würdest. Vielleicht hat jemand seinen Schmuck verloren.«

Widerwillig, weil er doch nicht wagte, es nicht zu tun, schaute Michael in die Richtung, in die sie deutete. Richtig – dort lag etwas Glitzerndes auf dem Weg. Aus der Entfernung sah es sehr verlockend aus; es funkelte, als wolle es ihm zuwinken. Er ging weiter, ging so gemächlich, wie er nur konnte, und tat, als ob er nicht nachsehen wollte.

Endlich erreichte er die Stelle, bückte sich und hob das glitzernde Ding auf. Es war eine kleine runde Schachtel mit einem Glasdeckel; auf dem Glas war ein Pfeil eingeritzt. Im Innern war eine runde Scheibe, auf der, wie es schien, Buchstaben standen; die Scheibe schwankte sacht, als er die Schachtel bewegte.

Jane kam angelaufen und sah ihm über die Schulter.

»Was ist es denn, Michael?«, fragte sie.

»Das sag ich dir nicht«, antwortete Michael und wusste selbst nicht, was es war.

»Mary Poppins, was ist das?«, bettelte Jane, als Mary Poppins sie mit dem Kinderwagen eingeholt hatte. Mary Poppins nahm Michael die kleine Schachtel aus der Hand.

»Die gehört mir«, sagte er trotzig.

»Nein, mir«, gab Mary Poppins zurück. »Ich hab sie zuerst gesehen.«

»Aber ich hab sie aufgehoben!« Er versuchte ihr die Schachtel zu entreißen, aber sie warf ihm einen Blick zu, dass seine Hand herabsank.

Mary Poppins wendete das runde Ding hin und her und

im Sonnenlicht tanzten Scheibe und Buchstaben wie toll in dem Gehäuse.
»Wozu ist das?«, fragte Jane.
»Um damit um die Welt zu reisen«, antwortete Mary Poppins.
»Pah!«, rief Michael. »Um die Welt reist man in einem Schiff oder in einem Flugzeug. Das weiß ich. Das Schachtelding könnte dich nie um die Welt tragen.«
»So, so – das könnte es nicht?«, sagte Mary Poppins mit einem sonderbaren Ich-weiß-es-besser-als-du-Ausdruck. »Gib Acht!«
Sie hielt den Kompass in der Hand, wandte sich zum Eingang des Parks und sagte: »Nord!«
Die Buchstaben rasten um den Pfeil, in einem Schwindel erregenden Tanz. Plötzlich wurde es schneidend kalt in der Luft und der Wind wehte so eisig, dass Jane und Michael die Augen zukniffen. Als sie sie wieder aufschlugen, war der Park verschwunden – nichts war mehr zu sehen, weder ein Baum noch eine Bank, noch ein asphaltierter Fußweg, alles fort. Stattdessen waren sie von riesigen blauen Eisblöcken umgeben und unter ihren Füßen lag gefrorener Schnee.
»Oh!«, rief Jane und zitterte vor Kälte und Überraschung. Sie lief zu den Zwillingen und wickelte sie in die Kinderwagendecke ein. »Was ist denn mit uns geschehen?«
Mary Poppins schaute viel sagend auf Michael. Es blieb ihr keine Zeit zu einer Antwort, denn im selben Augenblick kam aus einem Loch in einem der Eisblöcke ein Eskimo gekrochen, das runde, braune Gesicht von einer weißen Fellmütze umrahmt und mit einem langen, weißen Pelz über den Schultern.

»Willkommen am Nordpol, Mary Poppins, und auch ihr anderen alle!«, sagte der Eskimo, übers ganze Gesicht lächelnd. Dann trat er näher und rieb zur Begrüßung seine Nase der Reihe nach an ihren Nasen. Jetzt kam auch eine Eskimodame aus dem Loch gekrochen. Sie trug ein Eskimobaby, das in ein Seehundsfell eingewickelt war.

»Aber Mary, ist das eine Freude!«, rief sie und das Nasenreiben begann von neuem. »Ihr werdet schön frieren!« Überrascht sah sie auf die dünnen Kleider. »Wartet, ich hole schnell Mäntel für euch. Wir haben ein paar Eisbärenfelle. Und ihr wollt sicher gern etwas Warmes essen, einen Teller Transuppe, nicht wahr, meine Lieben?«

»Ich fürchte, wir können uns nicht länger aufhalten«, unterbrach sie Mary Poppins schnell. »Wir reisen um die Welt und wollten nur für einen Augenblick hereinschauen – aber trotzdem, vielen Dank. Vielleicht ein andermal!«

Und mit einer leichten Handbewegung drehte sie den Kompass und sagte: »Süd!«

Jane und Michael kam es vor, als wirbelte die ganze Welt im Kreis herum wie der Kompass, sie aber stünden unbeweglich im Mittelpunkt.
Während die Welt um sie herumwirbelte, spürten sie, wie ihnen wärmer und wärmer wurde, und als sich das Tempo verlangsamte und wieder Ruhe eintrat, da standen sie vor einem Palmenwäldchen. Die Sonne schien heiß und ringsumher war goldener und silberner Sand, der unter ihren Füßen wie Feuer brannte.
Unter den Palmen saßen ein Mann und eine Frau, beide schwarz von Kopf bis Fuß und nur wenig bekleidet. Aber zum Ausgleich trugen sie viele, viele Glasperlen – einige baumelten von einer großen Federkrone herab um ihren Kopf, andere hingen an ihren Ohren, ein oder zwei sogar an ihrer Nase. Glasperlenschnüre schlangen sich um ihren Hals und lagen, zu Gürteln geflochten, um ihre Hüften. Auf dem Schoß der Negerdame saß ein schwarzes Negerbaby, das hatte überhaupt nichts an. Es lachte die Kinder an, als seine Mutter zu sprechen begann.

»Ah, wir dich schon lang erwarten, Mary Poppins«, sagte sie lächelnd. »Du bringen Kinder in meine kleine Haus, sie gleich sollen haben ein Stück Melone. Aber das sein schrecklich weiße Babys. Du sie müssen anstreichen ein bisschen mit schwarzes Schuhwichse. Kommen mit jetzt. Ihr sein sehr willkommen!« Und sie lachte laut und froh und stand auf und wollte sie zu einer kleinen Palmhütte führen.

Jane und Michael hatten Lust ihr zu folgen, aber Mary Poppins hielt sie zurück.

»Wir haben leider keine Zeit hier zu bleiben. Schauten nur mal herein, als wir vorbeikamen, versteht ihr? Wir müssen noch um die ganze Welt«, sagte sie zur Erklärung und die beiden schwarzen Leute schlugen vor Staunen die Hände zusammen.

»Ihr haben aber eine Reise vor, o Mary Poppins!«, sagte der Mann. Er lachte und sah sie aus schwarzen Funkelaugen an.

»Um die ganze Welt? Das sein besser als arbeiten, was?«, fragte seine Frau. Auch sie lachte, als sei das ganze Leben ein riesiger Spaß, und während sie noch lachte, drehte Mary Poppins den Kompass und sagte laut und entschieden: »Ost!«

Wieder fing die Welt an herumzuwirbeln und auf einmal – den erstaunten Kindern schien es nur ein Augenblick – waren die Palmen verschwunden. Als das Gewirbel aufgehört hatte, befanden sie sich in einer Straße, an der fremdartige Häuschen standen. Sie sahen aus, als ob sie aus Papier wären, und die geschweiften Dächer waren mit Glöckchen behängt, die leise im Wind läuteten. Über die Häuser breiteten Mandel- und Pflaumenbäume ihre

Zweige, die sich unter leuchtenden Blüten bogen. Auf der Straße lustwandelten Menschen in seltsam geblümten Gewändern. Es war ein sehr heiterer und friedlicher Anblick.

»Ich glaube, wir sind in China«, flüsterte Jane Michael zu.

»Ja, ich glaub es bestimmt!«, fuhr sie fort, als jetzt in einem der kleinen Häuser die Tür aufging, aus der ein alter Mann herauskam. Der war wunderlich angetan mit einem steifen Kimono aus Goldbrokat und seidenen Hosen, die an den Knöcheln ein goldener Ring zusammenhielt. Seine Schuhe waren an den Spitzen schwungvoll nach oben gebogen. Von seinem Kopf hing ein langer, grauer Zopf fast bis zu den Knien herab und sein Bart reichte bis zum Gürtel.

Als der alte Herr Mary Poppins und die Kinder sah, verbeugte er sich tief bis zum Boden. Jane und Michael sahen überrascht, wie Mary Poppins sich ebenso tief verneigte, sodass die Margeriten auf ihrem Hut die Erde berührten.

»Wo bleiben eure Manieren?«, zischte Mary Poppins und sah aus dieser ungewöhnlichen Stellung zu ihnen auf. Sie sagte es in einem Ton, dass es Jane und Michael ratsam schien, sich auch zu verbeugen, und selbst die Zwillinge neigten die Stirn bis an den Rand des Kinderwagens.

Der alte Herr richtete sich feierlich auf und begann zu sprechen:

»Hoch zu verehrende Mary aus dem Hause der Poppins. Lass dich herab, auf mein unwürdiges Haus das Licht deiner trefflichen Gunst auszustrahlen. Und, ich flehe dich an, führe zu seinem öden Herd auch deine vornehmen

Reisegefährten.« Er machte noch eine Verbeugung und winkte mit der Hand nach seinem Hause hin.
Jane und Michael hatten noch nie eine so seltsame und wundervolle Ansprache gehört und waren sehr verdutzt. Aber noch größer war ihr Erstaunen, als Mary Poppins die Einladung mit der gleichen Feierlichkeit beantwortete.
»Gütiger Herr«, fing sie an, »es erfüllt uns mit tiefem Bedauern, dass wir, die unscheinbarsten deiner Bekannten, deine großmütige und königliche Einladung ausschlagen müssen. Das Lämmchen geht nicht widerspenstiger fort von der Mutter, noch das Vöglein vom Nest, als wir uns von deiner strahlenden Gegenwart losreißen. Aber, edler und hoch zu preisender Herr, wir sind auf einer Reise um die Welt und unser Besuch deiner ehrenwerten Stadt kann leider nur ganz vorübergehend sein. Erlaube daher, dass wir Unwürdigen ohne jede weitere Förmlichkeit von dir scheiden.«
Der Mandarin, denn das war der Mann in der Tat, neigte

den Kopf und schickte sich zu einer weiteren kunstvollen Verbeugung an, da setzte Mary Poppins ganz schnell den Kompass wieder in Bewegung.

»West!«, sagte sie energisch.

Rundum drehte sich die Welt, bis Jane und Michael ganz schwindlig waren. Und als es wieder ruhig wurde, liefen sie mit Mary Poppins durch große Fichtenwälder auf eine Lichtung zu, auf der rund um ein riesiges Feuer mehrere Zelte aufgeschlagen waren. Im Feuerschein huschten dunkle Gestalten hin und her; sie waren mit Federn geschmückt und trugen ein loses Hemd zu fransenbesetzten Hasenfellhosen. Eine dieser Gestalten trennte sich von den übrigen und kam schnell auf Mary Poppins und die Kinder zu.

»Morgenstern-Mary«, sagte er. »Ich grüße dich!« Und er beugte sich über sie und legte seine Stirn an die ihre. Dann wandte er sich den vier Kindern zu und machte es bei ihnen ebenso.

»Mein Wigwam erwartet euch«, fuhr er mit ernster, freundlicher Stimme fort. »Wir braten gerade ein Rentier zum Abendessen.«

»Häuptling Sonne-am-Mittag«, antwortete Mary Poppins, »wir sind nur zu kurzem Besuch gekommen – tatsächlich, wir kamen sozusagen, um Abschied zu nehmen. Wir sind rund um die Welt gereist und dies ist der letzte Hafen, den wir anlaufen.«

»Ha? Ist das so?«, fragte der Häuptling und sah sehr interessiert aus. »Ich habe oft daran gedacht, so etwas selbst zu tun. Aber sicher könnt ihr ein bisschen bei uns bleiben, wenigstens so lang, bis dieser junge Mann (er nickte Michael zu) seine Kraft mit meinem Urururenkel

›Schnell-wie-der-Wind‹ gemessen hat!« Der Häuptling klatschte in die Hände.
»Hei-ho-hi!«, rief er laut und von den Zelten kam ein kleiner Indianerbub auf ihn zugerannt. Er trat sofort zu Michael und gab ihm einen leichten Schlag auf die Schulter.
»Du bist dran!«, rief er und lief davon wie ein Hase.
Das war zu viel für Michael. Mit einem Satz war er hinter ihm her und Jane hinter ihnen beiden. Die drei rannten zwischen den Bäumen herum, umkreisten immer wieder eine riesige Fichte, immer ihrem Anführer »Schnell-wie-der-Wind« nach, der immerzu lachte und immer außer Reichweite blieb. Jane blieb erschöpft zurück, aber Michael packte jetzt die Wut, er biss die Zähne zusammen und flog laut schreiend hinter »Schnell-wie-der-Wind« her, entschlossen, sich nicht von einem Indianerjungen schlagen zu lassen.

»Ich werd dich schon kriegen!«, schrie er und strengte sich an, noch schneller zu laufen.

»Was willst du?«, fragte Mary Poppins schneidend.

Michael sah sich nach ihr um und blieb stehen. Dann wollte er die Verfolgung wieder aufnehmen, aber zu seiner Verblüffung war keine Spur von »Schnell-wie-der-Wind« mehr zu sehen; weder von dem Häuptling und den Zelten noch vom Feuer. Nicht mal eine Fichte war da. Nichts als eine Gartenbank und Jane und die Zwillinge und Mary Poppins, die mitten im Park standen.

»Immerzu rund um die Gartenbank rennen, als wärst du verrückt geworden! Man sollte meinen, dass du für einen Tag unartig genug warst. Komm jetzt!«, schalt Mary Poppins.

»Rund um die Welt und in einer Minute wieder zurück – was für eine wunderbare Schachtel!«, sagte Jane glücklich.

»Gib mir meinen Kompass wieder!«, verlangte Michael patzig.

»*Meinen* Kompass, wolltest du sagen«, sagte Mary Poppins und steckte ihn in die Tasche.

Michael sah sie an, als wollte er ihr an den Kragen, und so war ihm auch zu Mute. Aber er zuckte nur die Schultern und machte sich davon und sagte kein Wort mehr.

»Mit diesem Jungen könnte ich jeden Tag fertig werden«, redete er sich selber ein, während er das Tor von Nummer siebzehn passierte und die Treppe hinaufstieg.

Der Druck inwendig hatte noch nicht nachgelassen; nach dem Abenteuer mit dem Kompass schien es noch schlimmer zu werden. Gegen Abend wurde er immer unartiger. Er kniff die Zwillinge, wenn Mary Poppins gerade nicht

hinschaute, und wenn sie weinten, fragte er heuchlerisch:
»Was habt ihr denn, Kinderchen, was ist los?«
Aber Mary Poppins ließ sich dadurch nicht täuschen.
»Du wirst schon sehen, dass etwas in dir steckt!«, sagte sie viel sagend. Aber der abscheuliche Druck inwendig machte ihn gleichgültig. Er zuckte nur die Achseln und zupfte Jane an den Haaren. Und danach ging er an den Abendbrottisch und warf seine Milch um.
»Jetzt reicht's aber!«, sagte Mary Poppins. »So eine Aufsässigkeit ist mir noch nicht vorgekommen. In meinem ganzen Leben nicht. Hinaus mit dir! Marsch ins Bett und kein Wort mehr!«
Er hatte sie noch nie so böse gesehen.
Aber noch immer machte er sich nichts daraus.
Er ging ins Schlafzimmer und zog sich aus.
Nein, er machte sich nichts daraus. Er war schlecht, und wenn sie sich nicht vorsahen, würde er noch viel schlechter werden. Ihm war es gleich. Er hasste sie alle. Wenn sie nicht aufpassten, würde er davonlaufen und zum Zirkus gehen. Schwupp – weg war ein Knopf. Schön, da hatte er morgen weniger zu tun. Noch einer! Umso besser! Nichts in der Welt konnte ihn je dazu bringen, etwas zu bedauern. Er würde ins Bett gehen, ohne sich die Zähne zu putzen – und ganz gewiss, ohne sein Nachtgebet zu sprechen.
Als er fertig und mit einem Fuß schon im Bett war, sah er den Kompass oben auf der Kommode liegen.
Ganz langsam zog er seinen Fuß zurück und huschte auf den Zehenspitzen durchs Zimmer. Er wusste jetzt, was er tun wollte.

Er wollte den Kompass nehmen, ihn drehen und rund um die Welt fahren. Und nie würden sie ihn wieder finden. Das geschähe ihnen recht. Ganz leise nahm er einen Stuhl und schob ihn an die Kommode. Er kletterte hinauf und nahm den Kompass in die Hand.

Er schüttelte ihn.

»Nord, Süd, Ost, West!«, sagte er rasch, damit keiner hereinkäme, ehe er fort war.

Ein Geräusch hinter dem Stuhl schreckte ihn auf und er drehte sich schuldbewusst um, in der Erwartung, Mary Poppins zu sehen. Stattdessen standen da vier riesige Ge-

stalten, die auf ihn losfuhren ... Der Eskimo mit einem Speer, die Negerfrau mit der Riesenkeule ihres Mannes, der Mandarin mit einem großen Krummschwert und der rote Indianer mit einem Tomahawk. Aus allen vier Ecken des Zimmers drangen sie auf ihn ein, die Waffen hoch über dem Kopf schwingend, und statt gut und freundlich auszusehen wie am Nachmittag, erschienen sie ihm nun voller Zorn und Rachedurst. Fast waren sie schon über ihm, ihre riesengroßen, schrecklichen, wütenden Gesichter rückten näher und näher. Er spürte ihren heißen Atem auf dem Gesicht und sah sie die Waffen schwingen.
Mit einem Schrei ließ Michael den Kompass fallen.
»Mary Poppins – Mary Poppins – zu Hilfe, zu Hilfe!«, brüllte er und kniff die Augen ganz fest zu.
Da fühlte er, wie ihn etwas einhüllte, etwas Weiches und Warmes. Was war das? Der Pelzmantel des Eskimos, der Umhang des Mandarins, das Hasenfell des roten Indianers, die Federn der schwarzen Frau? Wer hatte ihn eingefangen? Oh, wäre er bloß artig gewesen – hätte er nur ...
»Mary Poppins!«, jammerte er, als er sich durch die Luft getragen und auf etwas noch viel Weicheres niedergelegt fühlte.
»Oh, liebe Mary Poppins!«
»Schon gut, schon gut. Ich bin ja nicht taub, Gott sei Dank! Kein Grund zu schreien!«, hörte er sie ruhig sagen.
Er machte ein Auge auf. Nichts deutete auf die Anwesenheit der vier Riesengestalten aus dem Kompass hin. Um sicher zu sein, öffnete er auch das andere Auge. Nirgends ein Schimmer von ihnen.

Er setzte sich auf; schaute im ganzen Zimmer umher. Nichts war zu sehen.

Dann merkte er, das Weiche um ihn herum war seine eigene Decke und das Weiche, auf dem er lag, sein eigenes Bett. Und auch der schwere, lastende Druck, der ihn den ganzen Tag über gequält hatte, war spurlos vergangen. Er fühlte sich friedlich und glücklich und hätte am liebsten allen, die er kannte, etwas zum Geburtstag geschenkt.

»Was – was ist denn passiert?«, fragte er Mary Poppins ganz ängstlich.

»Ich hab dir gesagt, dass das mein Kompass ist, nicht wahr? Sei so gut und lass gefälligst meine Sachen in Ruh!« Das war alles, was sie antwortete, während sie sich bückte, den Kompass aufhob und in ihre Tasche steckte. Dann begann sie, die Kleider aufzuräumen, die er auf dem Boden hatte liegen lassen.

»Soll ich das nicht machen?«, fragte er.

»Nein, danke.«

Sie ging ins Nebenzimmer und plötzlich kehrte sie zurück und gab ihm etwas Warmes in die Hand. Es war eine Tasse Milch.

Michael kostete und trank dann langsam Schlückchen für Schlückchen, um Mary Poppins möglichst lange an seinem Bett festzuhalten. Er konnte ihre raschelnde weiße Schürze riechen und den schwachen Duft von geröstetem Brot, der sie immer umgab. Aber sosehr er es auch versuchte, die Milch reichte nicht ewig und schließlich gab er ihr mit einem leisen Seufzer die leere Tasse zurück und kuschelte sich im Bett zurecht. Ich hab noch nie gewusst, dachte er, wie behaglich es ist und zugleich wie warm und wie wohl ich mich fühle und wie glücklich ich bin, am Leben zu sein.

»Ist das nicht komisch, Mary Poppins«, murmelte er schläfrig. »Ich bin so ungezogen gewesen und jetzt fühle ich mich so schrecklich wohl.«

»Gsch!«, machte Mary Poppins. Sie deckte ihn gut zu; dann ging sie hinaus, um das Geschirr abzuwaschen.

7. Kapitel

Die Vogelfrau

»Vielleicht ist sie gar nicht da«, meinte Michael.
»Freilich ist sie da«, sagte Jane. »Sie ist immer da, seit jeher.«
Sie waren auf dem Weg, ihren Vater in der Stadt zu besuchen. Denn er hatte heute Morgen zu Mrs Banks gesagt:
»Meine Liebe, wenn's nicht regnet, könnten Jane und Michael vielleicht heute zu mir ins Büro kommen – wenn es dir recht ist, natürlich. Ich glaube fast, ich würde mich gern zu Tee und mürben Brezeln einladen lassen, und ich kann mir nicht oft ein solches Vergnügen erlauben.«
Mrs Banks hatte erwidert, sie wolle es sich noch überlegen. Aber den ganzen Tag über machte sie, obwohl Jane und Michael sie voll Spannung beobachteten, nicht den Eindruck, als überlege sie sich's überhaupt. Nach ihren Reden zu schließen, dachte sie nur über die Wäscherechnung nach und über Michaels neuen Mantel und darüber, wo wohl Tante Flossies Adresse stecke und warum diese verdrehte Mrs Jackson sie zum zweiten Donnerstag im Monat zum Tee eingeladen hatte, wo sie doch wusste, dass dies gerade der Tag war, an dem Mrs Banks zum Zahnarzt musste.
Doch plötzlich, als sie schon überzeugt waren, dass Mrs Banks überhaupt nicht an Mister Banks' Vergnügen

dachte, sagte sie: »Nun, Kinder, steht doch nicht da und starrt mich an. Zieht euch an. Ihr geht doch in die Stadt, um mit eurem Vater Tee zu trinken. Habt ihr das denn vergessen?«

Als ob sie das hätten vergessen können! Denn es war nicht nur der Tee, der wichtig war. Da war noch die Vogelfrau und die war der Gipfel des Vergnügens. Deshalb gingen sie jetzt in heller Aufregung den Ludgate Hill hinauf.

Mary Poppins ging zwischen ihnen, hatte ihren neuen Hut auf und sah sehr fein aus. Hin und wieder warf sie einen Blick in ein Schaufenster, nur um sich zu vergewissern, dass der Hut noch da war und die rosa Rosen sich nicht in gewöhnliche Ringelblumen verwandelt hatten.

Jedes Mal wenn sie deshalb stehen blieb, seufzten Jane und Michael, wagten aber nicht, etwas zu sagen, aus Furcht, sie könnte dann noch länger ins Schaufenster schauen, nach allen Seiten sich drehend, um festzustellen, welche Haltung am kleidsamsten sei.

Aber schließlich kamen sie doch zur Sankt-Pauls-Kathedrale. Vor langer Zeit war sie von einem Mann erbaut worden, der einen Vogelnamen hatte. Deshalb leben so viele Vögel in der Nähe der Kathedrale und deshalb lebt dort auch die Vogelfrau.

»Da ist sie!«, schrie Michael plötzlich und trippelte vor Aufregung auf den Fußspitzen.

»Man zeigt nicht mit dem Finger!«, sagte Mary Poppins und warf vor dem Fenster eines Teppichladens einen letzten Blick auf die rosa Rosen.

»Sie sagt es! Sie sagt es!«, jauchzte Jane und musste an sich halten, sonst wäre sie vor Entzücken zersprungen.

Und sie sagte es wirklich. Die Vogelfrau war da und sagte: »Füttert die Vögel, einen Zweier die Tüte! Füttert die Vögel, einen Zweier die Tüte! Füttert die Vögel, einen Zweier die Tüte!« Immer und immer wieder dieselbe Leier, mit einer hohen, singenden Stimme, sodass es wie ein Lied klang. Und während sie es sagte, hielt sie den Vorübergehenden kleine Tüten mit Brotkrumen hin.
Um sie herum flogen die Vögel, sie kreisten und hüpften, schossen herab und flogen auf. Mary Poppins nannte sie immer ›eitle Spatzen‹, weil sie sich einbildete, alle Vögel seien so eitel wie sie. Aber Jane und Michael wussten genau, es waren keine Spatzen, es waren Tauben. Es gab graue, betuliche und schwatzhafte Tauben, die waren wie Großmütter, braune mit heiseren Stimmen wie Onkels und grünliche wie Väter, die immer gurrten: »Nein-ich-hab-kein-Geld-heute.« Und die törichten, ängstlichen, zarten blauen Tauben waren wie Mütter. So jedenfalls dachten Jane und Michael darüber.
Sie flogen immerzu rund um den Kopf der Vogelfrau, während die Kinder näher kamen, aber plötzlich, als wollten sie sie necken, schossen sie durch die Luft und setzten sich auf die Spitze von Sankt Paul, schienen zu lachen und drehten die Köpfe weg und taten, als ob sie die Vogelfrau nicht kannten.
Heute war Michael an der Reihe, eine Tüte zu kaufen, das letzte Mal war Jane an der Reihe gewesen. Er trat auf die Vogelfrau zu und hielt ihr zwei Pennys hin.
»Füttert die Vögel, einen Zweier die Tüte!«, sagte die Vogelfrau, während sie ihm eine Tüte mit Krumen in die Hand gab und das Geld in die Falten ihres weiten schwarzen Rockes versenkte.

»Warum hast du nicht Einpennytüten?«, fragte Michael. »Dann könnte ich zwei kaufen.«

»Füttert die Vögel, einen Zweier die Tüte!«, antwortete die Vogelfrau und Michael wusste wohl, dass es nichts nutzte, noch mehr Fragen zu stellen. Er und Jane hatten es schon oft versucht, aber alles, was sie sagen konnte, war »Füttert die Vögel, einen Zweier die Tüte!«. Genau wie ein Kuckuck auch nur »Kuckuck« sagen kann, ganz gleich, welche Fragen man ihm stellt.

Jane und Michael und Mary Poppins streuten die Krumen auf den Boden und alsbald kamen die Tauben von Sankt Paul herunter, erst einzeln und dann zu zweit und zu dritt.

»Leckermaul!«, sagte Mary Poppins naserümpfend, als eine Taube eine Krume aufpickte und sie wieder aus dem Schnabel fallen ließ.

Aber die anderen Tauben drängten sich um das Futter, sie stießen und balgten sich mit lautem Gezänk. Zuletzt war nicht eine Krume mehr da, denn für eine Taube gehört es sich, nichts übrig zu lassen. Als wirklich alles aufgepickt war, stiegen sie mit einem einzigen großen Flügelrauschen auf und schwirrten der Vogelfrau um den Kopf; dabei ahmten sie in ihrer eigenen Sprache die Worte nach, die sie immer sagte. Eine setzte sich ihr auf den Hut, als wäre sie eine Garnierung. Und eine andere hielt versehentlich Mary Poppins' neuen Hut für einen Blumengarten und pickte eine Rose weg.

»Du frecher Spatz!«, rief Mary Poppins und schlug mit dem Schirm nach ihr. Die Taube war beleidigt, flog zur Vogelfrau zurück und steckte ihr die Rose in das Hutband.

»Du gehörst in den Kochtopf – du!«, schalt Mary Poppins. Dann rief sie nach Jane und Michael.
»Zeit zu gehen!«, sagte sie und warf einen letzten wütenden Blick auf die Taube. Aber die lachte nur, fächerte den Schwanz auf und drehte ihr den Rücken zu.
»Auf Wiedersehen!«, sagte Michael zur Vogelfrau.
»Füttert die Vögel!«, antwortete sie lächelnd.
»Auf Wiedersehen!«, sagte auch Jane.
»Einen Zweier die Tüte!« Und die Vogelfrau winkte ihr mit der Hand.
Dann gingen sie brav neben Mary Poppins her.
»Was geschieht, wenn alle Leute fortgegangen sind – wie wir?«, sagte Michael leise zu Jane.

Er wusste ganz gut, was dann geschah, aber es gehörte sich, Jane zu fragen, denn die Geschichte hatte sie sich ausgedacht.

»Bei Nacht, wenn alle Leute zu Bett gehen ...«, begann Jane.

»Und die Sterne herauskommen«, half ihr Michael.

»Ja, und auch wenn keine Sterne da sind – dann kommen alle Tauben von der Spitze von Sankt Paul herunter und suchen gründlich den Boden ab und sehen nach, ob keine Krumen mehr da liegen, denn am Morgen muss der Boden blitzblank sein. Und wenn sie damit fertig sind ...«

»Du hast das Baden vergessen.«

»Ach ja – sie baden und kämmen sich die Flügel mit ihren Krallen. Und wenn sie damit fertig sind, umfliegen sie dreimal den Kopf der Vogelfrau und lassen sich dann auf ihr nieder.«

»Setzen sie sich ihr auf die Schultern?«

»Ja, und auf ihren Hut.«

»Und auch auf den Korb mit den Tüten?«

»Ja, und manche auf ihre Knie. Dann streicht sie einer nach der andern die Federn am Kopf glatt und ermahnt sie, eine brave Taube zu sein ...«

»In der Vogelsprache?«

»Natürlich! Und wenn sie dann alle schläfrig sind und nicht mehr länger wach bleiben mögen, breitet sie ihren Rock aus, wie eine Gluckhenne ihre Flügel, und die Tauben kriechen allesamt darunter. Und sobald die letzte untergekrochen ist, lässt sie sich über ihnen nieder und gluckst und gurrt ganz leise und dann schlafen sie alle bis zum Morgen.«

Michael seufzte befriedigt. Er liebte diese Geschichte und wurde nie müde sie zu hören.
»Und das ist alles wirklich wahr? Ganz bestimmt?«, fragte er wie jedes Mal.
»Nein!«, sagte Mary Poppins, da sie immer »Nein« sagte.
»Ja«, sagte Jane, da sie immer alles besser wusste.

8. KAPITEL

Mrs Corry

»Zwei Pfund Schweinswurst – von der besten!«, verlangte Mary Poppins. »Und bitte rasch, wir haben's eilig!«
Der Metzger, der eine große, blauweiß gestreifte Schürze trug, war ein dicker, freundlicher Mann. Außerdem war er sehr groß, hatte ein rotes Gesicht und glich ein wenig seinen eigenen Würsten. Er stützte sich auf seinen Hackklotz und schaute Mary Poppins bewundernd an. Dann blinzelte er Jane und Michael vergnügt zu.
»Was? Gar so eilig?«, sagte er zu Mary Poppins. »Wie schade! Ich hab gehofft, Sie wär'n auf einen kleinen Schwatz reingekommen. Wir Metzger, wissen Sie, haben gern ein bisschen Gesellschaft. Und wir haben nicht oft Gelegenheit, mit einer feschen jungen Dame wie Ihnen ...«, nach einem Blick auf Mary Poppins' Gesicht brach er ab, denn ihre Miene war einfach zum Fürchten. Der Metzger wünschte, eine Spalte würde sich im Boden öffnen und ihn verschlucken.
»Aber natürlich ...«, stotterte er und wurde noch viel röter als sonst. »Wenn Sie's eilig haben, natürlich. Zwei Pfund, sagten Sie? Von der besten? Recht haben Sie.«
Er nahm von den Würsten, die wie Girlanden im Laden hingen, eine besonders lange vom Haken, schnitt ein ellenlanges Stück ab – legte es im Ring zusammen und wickelte die Wurst erst in weißes und dann in braunes

Papier. Das fertige Päckchen schob er Mary Poppins über den Hackklotz zu.

»Und was noch?«, fragte er erwartungsvoll.

»Danke, nichts weiter!«, antwortete Mary Poppins frostig.

Sie nahm die Wurst, drehte den Kinderwagen rasch um und schob ihn so nachdrücklich zum Laden hinaus, dass dem Metzger klar wurde, wie schwer er sie beleidigt hatte. Trotzdem warf sie im Vorbeigehen einen Blick ins Schaufenster, um im Spiegel ihre neuen Schuhe zu begutachten. Sie waren aus hellbraunem Ziegenleder mit zwei Knöpfen, sehr schick. Jane und Michael trotteten hinter ihr her und überlegten, ob Mary Poppins nicht bald mit ihrer Einkaufsliste zu Ende sei, aber nach einem Blick in ihr Gesicht wagten sie nicht danach zu fragen.

Mary Poppins blickte die Straße hinauf und hinunter, tief in Gedanken versunken, dann, als falle ihr plötzlich etwas ein, sagte sie kurz: »Fischhändler!« Sie schob den Kinderwagen in den Laden neben dem Metzger.

»Eine Seezunge, anderthalb Pfund Heilbutt, eine Büchse Krebse und einen Hummer!«, verlangte sie, und zwar so rasch, dass nur jemand, der solche Bestellungen gewohnt war, sie überhaupt verstehen konnte.

Im Gegensatz zum Metzger war der Fischhändler ein langer, dünner Mann. Er sah so trübselig drein, dass man das Gefühl hatte, entweder habe er soeben geweint oder er werde es gleich tun. Jane meinte, vielleicht käme es von einem geheimen Kummer, der ihn schon von Kind auf quälte, und Michael dachte, der Fischhändler habe als Kind wohl nur Brot und Wasser bekommen und könnte das einfach nicht vergessen.

»Sonst noch was?«, fragte der Fischhändler, nicht besonders zuversichtlich, wie sein Ton verriet.
»Heute nicht«, sagte Mary Poppins.
Der Fischhändler schüttelte trübselig den Kopf und sah keineswegs überrascht aus. Er hatte sowieso gewusst, dass nichts mehr dazukommen würde.
Leise hüstelnd machte er das Paket fertig und legte es in den Kinderwagen.
»Schlechtes Wetter heute«, bemerkte er und fuhr sich mit der Hand über die Augen. »Glaub nicht, dass es überhaupt noch Sommer wird – übrigens haben wir noch nie einen gehabt. Sie sehen auch nicht gerade blühend aus«, wandte er sich an Mary Poppins.
Mary Poppins warf den Kopf zurück.
»Behalten Sie Ihre Meinung für sich!«, sagte sie barsch und lief zur Tür, wobei sie den Kinderwagen so ungestüm vorwärts stieß, dass er einen Sack mit Austern rammte.
»So eine Unverschämtheit!«, hörten Jane und Michael sie sagen. Auch bemerkten sie deutlich, wie sie auf ihre neuen Schuhe schaute. Sicher dachte sie: Nicht gerade blühend – in solch nagelneuen braunen Ziegenlederschuhen mit zwei Knöpfen! Nein so was!
Draußen auf dem Bürgersteig blieb sie stehen, schaute in ihre Liste und strich aus, was sie schon eingekauft hatte.
Michael trat von einem Fuß auf den andern. Er fragte ungeduldig:
»Mary Poppins, gehen wir denn nie mehr nach Hause?«
Mary Poppins drehte sich um und betrachtete ihn mit sichtlichem Widerwillen.
»Das wirst du ja wohl erwarten können«, antwortete sie

kurz und faltete die Liste zusammen. Michael wünschte, er hätte nichts gesagt.

»Du kannst ja heim, wenn du willst«, sagte sie von oben herab. »Wir gehen jetzt Pfefferkuchen kaufen.«

Michael zog ein langes Gesicht. Hätte er doch bloß den Mund gehalten! Er hatte nicht geahnt, dass am Schluss der Liste Pfefferkuchen standen.

»Dort ist dein Weg«, sagte Mary Poppins und zeigte in die Richtung des Kirschbaumwegs. »Dass du mir nicht verloren gehst!«, fiel ihr noch nachträglich ein.

»Ach nein, Mary Poppins, bitte nein! So hab ich's nicht gemeint, wirklich nicht. Ich – ach, Mary Poppins, bitte ...«, jammerte Michael.

»Nimm ihn doch mit«, bat Jane. »Ich will auch den Kinderwagen schieben, wenn du ihn mitnimmst.«

Mary Poppins schnupfte auf. »Wäre es nicht Freitag, wärst du im Handumdrehen zu Haus«, sagte sie geheimnisvoll zu Michael, »wirklich im Handumdrehen.«

Sie setzte sich mit John und Barbara wieder in Bewegung. Jane und Michael begriffen, dass sie nachgegeben hatte, und folgten ihr. Sie überlegten, was Mary Poppins mit dem Handumdrehen wohl gemeint haben könnte. Auf einmal merkte Jane, dass sie in die falsche Richtung gingen.

»Mary Poppins, wolltest du nicht Pfefferkuchen kaufen? – Das ist aber nicht der Weg zu Green, Brown und Johnsen, den wir sonst immer gegangen sind«, begann sie zaghaft, stockte jedoch gleich wieder nach einem Blick auf Mary Poppins' Gesicht.

»Mache ich Einkäufe oder du?«, fragte Mary Poppins.
»Du!«, gab Jane kleinlaut zu.

»O wirklich? Meiner Ansicht nach geht der Weg so herum«, sagte Mary Poppins und lachte spöttisch.

Sie gab dem Kinderwagen einen leichten Druck zur Seite und bog um die Ecke; dort hielt sie plötzlich an, und da Jane und Michael hinter ihr dreintrotteten, mussten sie notgedrungen auch stehen bleiben.

Sie standen vor dem seltsamsten Laden, den sie je gesehen hatten. Er war sehr klein und sehr ärmlich. Verblasste bunte Papierschleifen hingen in den Schaufenstern, deren Auslage aus armseligen Bechern mit Halbgefrorenem, alten Lakritzenstangen und gedörrten, hart gewordenen Apfelschnitten bestand. Zwischen den Fenstern war ein schmaler, dunkler Eingang und dort hinein steuerte Mary Poppins den Kinderwagen. Jane und Michael folgten ihr.

Drinnen im Laden konnten sie nur undeutlich den mit einer Glasplatte bedeckten Ladentisch erkennen, der an den drei Wänden entlanglief. Im Kasten unter der Glasplatte lag eine Unmenge dunkler knuspriger Pfefferkuchen, jeder einzelne mit einem goldenen Stern verziert; der ganze Laden schimmerte davon.

Jane und Michael schauten sich um. Sie waren gespannt, wer hier wohl bediente. Zu ihrer Überraschung rief Mary Poppins laut: »Fanni! Anni! Wo seid ihr denn?« Wie ein Echo hallte ihre Stimme von den dunklen Wänden zurück.

Hinter dem Ladentisch tauchten zwei riesige Gestalten auf. So riesige Menschen hatten Jane und Michael noch nie gesehen. Sie schüttelten Mary Poppins die Hand.

Dann beugten sich die Riesenfrauen über den Ladentisch vor und sagten mit einer Stimme, die so großmächtig war wie sie selber: »Guten Tag.« Dabei schüttelten sie auch Jane und Michael die Hand.

»Wie geht es Ihnen, Miss ...?« Michael zögerte, weil er nicht wusste, welche der beiden großen Damen er vor sich hatte.

»Ich heiße Fanni!«, sagte die eine. »Mein Rheumatismus ist immer noch schlimm, vielen Dank für die Nachfrage.« Sie sprach so weinerlich, als sei sie eine liebenswürdige Behandlung gar nicht gewohnt.

»Schönes Wetter heute«, begrüßte Jane artig die andere Schwester, die mit mächtigem Händedruck Janes Hand festhielt.

»Ich bin Anni!«, sagte sie in klagendem Ton. »Schön ist, wer schön handelt.«

Jane und Michael fanden, dass sich beide Schwestern reichlich sonderbar ausdrückten, aber es blieb ihnen nicht viel Zeit, sich zu wundern, denn Miss Anni und Miss Fanni streckten jetzt ihre langen Arme nach dem Kinderwagen aus. Jede schüttelte feierlich einem der Zwillinge die Hand, die so erstaunt waren, dass sie zu schreien anfingen.

»Aber, aber, aber! Was ist denn, was ist denn?«, erklang eine hohe, dünne, zitterige Stimme aus dem Ladenhintergrund. Bei ihrem Klang wurden die traurigen Gesichter von Miss Anni und Miss Fanni noch trauriger. Sie sahen ganz erschrocken und verschüchtert aus und Jane und Michael kam es so vor, als hätten sich die beiden Riesenschwestern am liebsten ganz klein und unscheinbar gemacht.

»Was muss ich hören?«, rief die zitterige Stimme und kam näher. Und plötzlich schob sich um die Ecke des Ladentischs eine alte Dame, die so klein war wie ihre Stimme und ebenso zitterig. Den Kindern kam sie älter vor als alles in der Welt, mit ihrem Haar, das aussah wie ein Flederwisch, ihren Stöckelbeinen und ihrem verschrumpelten, winzigen Gesicht. Aber im Gegensatz zu ihrem Aussehen lief sie so leicht und munter auf sie zu wie ein junges Mädchen.

»Aber, aber, aber – ah, ich verstehe! Himmel, wenn das nicht Mary Poppins ist, mit John und Barbara Banks! Jane und Michael sind auch dabei? Das nenne ich eine Überraschung! Ich kann euch sagen, seit Christoph Kolumbus Amerika entdeckt hat, habe ich keine solche Überraschung mehr erlebt – wirklich nicht!«

Sie lächelte verzückt, während sie mit kleinen, hüpfenden Schritten zur Begrüßung näher kam. In ihren winzigen Zugstiefelchen hüpfte sie zum Kinderwagen, schaukelte ihn sanft und fuhr mit ihren dünnen, krummen, alten Fingern so lange vor Johns und Barbaras Gesicht hin und her, bis sie mit Schreien aufhörten und lachten.

»So ist's besser!«, sagte sie und kicherte fröhlich. Dann tat sie etwas höchst Seltsames. Sie brach sich zwei von ihren Fingern ab und gab einen John und einen Barbara. Was aber das Erstaunlichste war: In der Lücke wuchsen sofort zwei neue Finger nach. Jane und Michael konnten es deutlich sehen.

»Nur Gerstenzucker – kann ihnen nichts schaden!«, sagte die alte Dame zu Mary Poppins.

»Alles, was Sie ihnen geben, Mrs Corry, kann nur gut für sie sein«, antwortete Mary Poppins mit ungewohnter Höflichkeit.

»Wie schade, dass es keine Pfefferminzstangen sind!«, konnte Michael nicht unterdrücken.

»Manchmal sind es welche«, sagte Mrs Corry verschmitzt, »und die schmecken auch sehr gut. Oft knabbere ich sie selber auf, wenn ich nachts nicht schlafen kann. Besonders gut für die Verdauung!«

»Woraus werden sie das nächste Mal sein?«, fragte Jane und besah höchst aufmerksam Mrs Corrys Finger.

»Das ist eben die Frage«, sagte Mrs Corry. »Ich weiß es nie vorher, woraus sie sein werden. ›Ich lass es darauf ankommen, Liebling‹, so hörte ich Wilhelm den Eroberer zu seiner Mutter sagen, als sie ihm abriet, England zu erobern.«

»Dann müssen Sie ja schrecklich alt sein!« Jane seufzte vor Neid. Sie konnte sich nicht vorstellen, dass sie sich je würde an so viel erinnern können wie Mrs Corry.

Die warf ihren kleinen Flederwischkopf zurück und gluckste vor Lachen.

»Alt!«, rief sie. »Im Vergleich zu meiner Großmutter bin ich noch das reinste Küken. Sie ist wirklich eine alte Frau. Aber ich habe auch schon eine Menge erlebt. Ich kann mich noch an die Zeit erinnern, als diese Welt geschaffen wurde, damals war ich schon aus den Kinderschuhen. Du meine Güte, war das ein Durcheinander, das kann ich dir sagen!« Sie brach ab und heftete ihre kleinen Augen auf die Kinder.

»Aber, lieber Gott – da steh ich und schwatze und ihr habt noch nichts bekommen. Ich nehme an, meine Liebe« – sie wandte sich an Mary Poppins, die eine alte Bekannte zu sein schien – »ihr seid wegen Pfefferkuchen gekommen?«

»Erraten, Mrs Corry«, antwortete Mary Poppins sehr höflich.

»Sehr gut! Haben euch Fanni und Anni noch keine gegeben?« Bei dieser Frage sah sie Jane und Michael an.

Jane schüttelte den Kopf. Zwei schüchterne Stimmen kamen hinter dem Ladentisch hervor:

»Nein, Mutter«, sagte Miss Fanni betreten.

»Wir waren dabei, Mutter«, flüsterte Miss Anni verschüchtert.

Mrs Corry richtete sich auf, so hoch sie konnte, und betrachtete ihre riesigen Töchter voll Zorn. Sie sagte leise, aber verärgert und höhnisch: »Eben dabei? Wirklich? Das ist ja höchst interessant. Und wer, darf ich fragen, Anni, hat dir erlaubt, *meine* Pfefferkuchen fortzugeben ...?«

»Niemand, Mutter. Und ich hab sie auch nicht fortgegeben. Ich dachte nur ...«

»Du dachtest nur. Das ist sehr gütig von dir. Aber ich wäre dir dankbar, wenn du es bleiben ließest. Was es hier zu denken gibt, besorge ich!«, erklärte Mrs Corry mit ihrer leisen, schrecklichen Stimme. Dann brach sie in ein grelles, gackerndes Gelächter aus.

»Schaut sie an! Schaut sie nur an! Angsthase! Heulsuse!«, kreischte sie und zeigte mit ihrem knochigen Finger auf die Tochter.

Jane und Michael drehten sich um und sahen, wie eine große Träne über Miss Annis trauriges Gesicht kullerte; aber sie wagten nichts zu sagen, denn so winzig Mrs Corry war, sie fühlten sich vor ihr verlegen und eingeschüchtert. Aber als Mrs Corry jetzt wegschaute, benutzte Jane die Gelegenheit, Miss Anni ihr Taschentuch zuzustecken. Die riesengroße Träne durchnässte es ganz und Miss Anni drückte es mit einem dankbaren Blick auf Jane aus, ehe sie es ihr zurückgab.

»Und du, Fanni – du hast wohl auch gedacht?« Die hohe dünne Stimme wandte sich nun an die andere Tochter.

»Nein, Mutter«, antwortete Miss Fanni bebend.
»Hm! Dein Glück. Mach den Kasten auf!«
Mit unsicheren, ungeschickten Fingern öffnete Miss Fanni den Glaskasten.
»So, Kinderchen«, sagte nun Mrs Corry mit völlig veränderter Stimme. Sie lächelte liebevoll und nickte Jane und Michael zu. Nun schämten sich beide, weil sie sich vor ihr gefürchtet hatten, und begriffen, dass sie trotz allem sehr nett war.
»Wollt ihr nicht herkommen und euch was aussuchen, meine Lämmchen? Es ist ein besonderes Rezept – eins, das ich von Alfred dem Großen bekommen habe. Das war ein guter Koch, wie ich mich erinnere, obwohl er einmal die Kuchen hat anbrennen lassen. Wie viel wollt ihr?«
Jane und Michael blickten fragend auf Mary Poppins.
»Jeder vier«, bestimmte sie, »das macht zwölf – ein Dutzend.«
»Ich will daraus ein Bäckerdutzend machen – nehmt dreizehn!«, forderte Mrs Corry sie freundlich auf.
So wählten also Jane und Michael dreizehn Pfefferkuchen aus, auf jedem war ein vergoldeter Papierstern. Michael konnte nicht widerstehen, eine Ecke anzuknabbern.
»Gut?«, piepste Mrs Corry, und als er nickte, hob sie ihre Röcke hoch und machte aus purem Vergnügen ein paar schottische Tanzschritte.
»Hurra, hurra, das ist wunderbar – hurra!«, rief sie mit ihrer schrillen, dünnen Stimme. Dann hielt sie an und ihr Gesicht wurde wieder ernst.
»Aber versteht mich recht – ich kann sie nicht herschenken. Ihr müsst sie bezahlen. Jeder von euch einen Dreier.«

Mary Poppins öffnete ihre Börse und nahm drei Dreipennystücke heraus. Sie gab Jane und Michael je einen Dreier.

»So«, sagte Mrs Corry, »steckt sie an meine Jacke! Dahin kommen sie alle.«

Sie besahen sich ihre schwarze lange Jacke sehr genau. Und tatsächlich, sie war so dicht mit Pennys besetzt wie die Jacke einer Hökerin mit Perlmuttknöpfen.

»Kommt nur! Steckt sie an!«, sagte Mrs Corry noch einmal und rieb sich die Hände. »Ihr werdet sehen, sie fallen nicht ab.«

Mary Poppins machte einen Schritt vorwärts und drückte ihren Dreier an den Kragen von Mrs Corrys Jacke.

Zur großen Überraschung von Jane und Michael blieb er hängen. Dann setzten die beiden ihre Dreier auf die Jacke – Jane auf die rechte Schulter und Michael aufs Vorderteil. Auch ihre Dreier saßen fest.

»Wie sonderbar!«, sagte Jane.

»Gar nicht, meine Liebe«, kicherte Mrs Corry. »Vielmehr, nicht so sonderbar wie manches, was ich erzählen könnte.« Und sie machte eine weit ausladende Handbewegung zu Mary Poppins hin.

»Ich fürchte, wir müssen jetzt gehen, Mrs Corry«, sagte diese. »Es gibt heute gebrannte Eierkrem zum Mittagessen und ich muss zeitig daheim sein, um sie zu machen. Diese Mrs Brill ...«

»Eine armselige Köchin?«, fragte Mrs Corry teilnahmsvoll.

»Armselig?«, sagte Mary Poppins geringschätzig. »Das ist gar kein Ausdruck dafür.«

»Ach so!« Und Mrs Corry rieb sich mit dem Finger die Nase und machte ein verständnisvolles Gesicht. Dann sagte sie: »Nun, meine liebe Miss Poppins, das war ein sehr angenehmer Besuch und meine beiden Mädchen haben sich gewiss nicht weniger gefreut als ich.« Sie nickte ihren beiden großen, traurigen Töchtern zu. »Und Sie kommen doch bald wieder, nicht wahr, mit Jane und Michael und den Kleinen? – Könnt ihr die Pfefferkuchen denn auch tragen?«, fügte sie, sich an Jane und Michael wendend, hinzu.

Sie nickten, Mrs Corry kam näher und warf ihnen einen sonderbar bedeutsamen und fragenden Blick zu.

»Ich möchte wohl wissen, was ihr mit den Papiersternen macht?«, sagte sie träumerisch.

»Oh, die werden wir aufheben«, antwortete Jane. »Das tun wir immer.«

»Ach – ihr hebt sie auf! Aber ich wüsste gern, wo?«

»Meine liegen alle unter den Taschentüchern in der oberen linken Schublade«, gestand Jane.

»Und meine in einer Schuhschachtel im obersten Fach des Kleiderschranks«, sagte Michael.

»Obere linke Schublade und Schuhschachtel im Kleiderschrank«, wiederholte Mrs Corry nachdenklich, als ob sie sich die Worte einprägen wollte. Dann blickte sie Mary Poppins ein Weilchen an und nickte leicht mit dem Kopf.

Mary Poppins nickte leicht zurück. Es war, als teilten sie ein Geheimnis miteinander.

»Nun«, sagte Mrs Corry vergnügt, »das ist ja sehr interessant. Ihr glaubt nicht, wie froh ich bin, weil ich nun weiß, wo ihr eure Sterne aufhebt. Ich werde es nicht vergessen. Ihr wisst, ich kann mich an alles erinnern – sogar daran, was Guy Fawkes jeden zweiten Sonntag zum Abendbrot bekam. Und nun, auf Wiedersehen. Kommt bald, bald wie – ie – ie – der!«

Mrs Corrys Stimme schien immer schwächer zu werden und dahinzuschwinden und plötzlich, ohne dass Jane und Michael merkten, wie es geschah, fanden sie sich auf die Straße zurückversetzt, wo sie hinter Mary Poppins herzottelten, die soeben wieder ihre Liste nachprüfte.

Sie drehten sich um und blickten zurück.

»Na so was, Jane, er ist nicht mehr da!«, entfuhr es Michael überrascht.

»Ich such ihn auch«, sagte Jane und schaute und schaute.

Und sie hatten Recht. Der Laden war verschwunden.

»Wie sonderbar!«, sagte Jane.

»Find ich auch!«, sagte Michael. »Aber die Pfefferkuchen schmecken gut.«

Sie waren so damit beschäftigt, ihren Pfefferkuchen durch Beknabbern eine immer neue Gestalt zu geben – die eines Mannes, einer Blume, einer Teekanne –, dass sie dabei völlig vergaßen, *wie* sonderbar das Ganze war. In der Nacht jedoch, als die Lichter gelöscht waren und man annehmen musste, dass sie schon schliefen, fiel es ihnen wieder ein.

»Jane, Jane!«, flüsterte Michael. »Ich höre jemand auf der Treppe herumschleichen – horch!«

»Pst!«, machte Jane aus ihrem Bett, denn auch sie hatte die Schritte gehört.

Auf einmal ging mit leisem Knacken die Tür auf und jemand huschte ins Zimmer. Es war Mary Poppins, in Hut und Mantel, fertig zum Ausgehen.

Rasch und heimlich bewegte sie sich durchs Zimmer.

Jane und Michael beobachteten sie unter den Augenlidern hervor und rührten sich nicht.

Zuerst huschte sie zur Kommode, öffnete eine Schublade und schloss sie gleich wieder. Dann schlich sie auf Zehenspitzen zum Kleiderschrank und öffnete ihn. Sie beugte sich herunter und legte etwas hinein oder nahm etwas heraus. Was von beidem sie tat, konnten die Kinder nicht erkennen. Schnapp! Die Tür des Kleiderschranks schloss sich und Mary Poppins verließ das Zimmer.

Michael setzte sich im Bett auf.

»Was hat sie gemacht?«, flüsterte er Jane kaum hörbar zu.

»Keine Ahnung! Vielleicht hatte sie ihre Handschuhe vergessen oder ihre Schuhe oder ...« Jane unterbrach sich plötzlich. »Horch, Michael!«
Er horchte. Von unten – vom Garten, wie es schien – konnten sie mehrere Stimmen eifrig und aufgeregt miteinander tuscheln hören.
Mit einem Satz sprang Jane aus dem Bett und winkte Michael. Sie schlichen auf bloßen Füßen ans Fenster, verbargen sich hinter dem Vorhang und guckten hinunter.
Draußen auf der Straße standen drei Gestalten: zwergenhaft klein die eine, die beiden anderen riesengroß.
»Mrs Corry, Miss Fanni und Miss Anni!«, flüsterte Jane.
So war es. Sie bildeten eine seltsame Gruppe. Mrs Corry spähte durch die Latten des Gartentores von Nummer siebzehn, Miss Fanni balancierte zwei lange Leitern auf ihren mächtigen Schultern und Miss Anni trug in der einen Hand einen großen Eimer mit etwas, das aussah wie Leim, und in der andern Hand einen gewaltigen Malerpinsel.
Von ihrem Versteck hinter dem Vorhang aus konnten Jane und Michael deutlich ihre Stimmen verstehen.
»Sie verspätet sich!«, sagte Mrs Corry soeben, mürrisch und ärgerlich.
»Vielleicht«, meinte Miss Fanni schüchtern und rückte die Leiter auf ihrer Schulter zurecht, »vielleicht ist eins der Kinder krank geworden und sie konnte nicht ...«
»Zur rechten Zeit fortkommen«, vollendete Miss Anni aufgeregt den Satz ihrer Schwester.
»Ruhe!«, befahl Mrs Corry voll Zorn und Jane und Michael hörten sie deutlich etwas flüstern, das wie »große hirnlose Giraffen« klang; sie waren sich klar, dass sich das auf Mrs Corrys unglückliche Töchter bezog.

»Still!«, sagte Mrs Corry plötzlich. Sie horchte mit zur Seite geneigtem Kopf, wie ein kleiner Vogel.

Ein Geräusch kam von der Haustür, die sacht geöffnet und wieder zugemacht wurde; dann raschelten auf dem Kiesweg leise Schritte. Mrs Corry lächelte und winkte mit der Hand, als Mary Poppins näher kam. Sie trug einen Marktkorb am Arm und darin lag etwas, von dem ein schwaches, geheimnisvolles Leuchten auszugehen schien.

»Kommen Sie, wir müssen uns beeilen! Wir haben nicht mehr viel Zeit!«, rief Mrs Corry und nahm Mary Poppins am Arm.

»Schlaft nicht ein, ihr zwei!« Und sie ging voraus, gefolgt von Miss Fanni und Miss Anni, die sichtlich bemüht waren, recht lebhaft zu wirken, doch ohne viel Erfolg. Unter ihrer Last gebeugt trampelten sie schwerfällig hinter ihrer Mutter und Mary Poppins her.

Jane und Michael sahen, wie alle vier den Kirschbaumweg hinuntergingen, sich dann ein wenig nach links wandten und den Hügel hinaufstiegen. Oben, wo es keine Häuser mehr gab, nur noch Gras und Klee, blieben sie stehen. Miss Anni setzte ihren Eimer mit Leim ab; Miss Fanni ließ die Leitern von der Schulter gleiten und richtete sie auf, bis sie beide sicher standen. Dann hielt sie die eine und Miss Anni die andere Leiter fest.

»Was, um Himmels willen, haben sie vor?«, fragte Michael gähnend.

Aber Jane antwortete nicht und er sah nun selber, was geschah.

Sobald Miss Fanni und Miss Anni die Leitern so aufgestellt hatten, dass sie mit dem einen Ende fest auf der Erde standen, während sie mit dem anderen am Himmel zu lehnen schienen, raffte Mrs Corry ihre Röcke zusammen, nahm den Eimer mit Leim in die eine Hand und ergriff mit der andern den Malerpinsel. Dann setzte sie ihren Fuß auf die unterste Leitersprosse und begann aufzusteigen. Mary Poppins, den Korb in der Hand, stieg die zweite Leiter hinauf.

Und jetzt bekamen Jane und Michael etwas höchst Merkwürdiges zu sehen. Als Mrs Corry an der Spitze ihrer Leiter angelangt war, tunkte sie ihren Pinsel in den Leim und schwappte das klebrige Zeug an den Himmel. Kaum war das geschehen, da nahm Mary Poppins etwas Leuchtendes aus ihrem Korb und tupfte es an den Leim. Als sie ihre Hand wegzog, sahen die Kinder, dass sie Pfefferkuchensterne an den Himmel klebte. Jeder Stern fing gleich an zu funkeln und sandte blitzende, goldene Strahlen aus.

»Das sind doch unsere!«, sagte Michael atemlos. »Unsere Sterne. Sie hat geglaubt, wir schlafen, und hat sie geholt.«

Doch Jane blieb stumm. Sie sah zu, wie Mrs Corry den Leim an den Himmel schwappte, Mary Poppins die Sterne daranklebte und Miss Fanni und Miss Anni die Leitern weiterrückten, sobald wieder eine Lücke am Himmel ausgefüllt werden sollte.

Schließlich war alles vorbei. Mary Poppins schüttelte ihren Korb aus und zeigte Mrs Corry, dass er leer war. Dann kletterten sie die Leitern herunter und die Prozession kam wieder den Hügel herab: Miss Fanni die Leitern geschultert, Miss Anni mit dem leeren Eimer rasselnd. An der Ecke blieben sie einen Augenblick stehen und schwatzten, dann schüttelte Mary Poppins allen die Hand und lief zum Haus. Mrs Corry tanzte leichtfüßig in ihren

Zugstiefelchen davon und hielt die Röcke zierlich mit den Händen gerafft; so verschwand sie in der entgegengesetzten Richtung und ihre riesigen Töchter stapften geräuschvoll hinter ihr drein.
Das Gartentor klinkte. Schritte knirschten auf dem Kies. Die Haustür öffnete und schloss sich, leise einschnappend. Jane und Michael hörten Mary Poppins sachte die Treppe heraufkommen, auf Zehenspitzen zum Kinderzimmer und dann hinüber ins nächste Zimmer schleichen, wo sie bei John und Barbara schlief.
Sobald es wieder still war, sahen sich beide an. Dann gingen sie wortlos zur Kommode und schauten in die obere linke Schublade.
Nichts war darin als ein Häufchen Taschentücher von Jane.
»Ich hab's dir gleich gesagt!«, sagte Michael.
Schnell gingen sie zum Kleiderschrank und schauten in die Schuhschachtel. Auch sie war leer.
»Aber wieso denn? Warum denn?« Michael setzte sich auf den Rand seines Bettes und starrte Jane an.
Jane gab keine Antwort. Die Arme um die Knie geschlungen, setzte sie sich neben ihn und dachte und dachte. Schließlich schüttelte sie das Haar zurück, streckte sich und stand auf. Dann meinte sie:
»Ich möchte unbedingt wissen, sind nun die Sterne aus Goldpapier oder ist das Goldpapier aus Sternen gemacht?«
Es kam keine Antwort und sie erwartete auch keine. Sie wusste, dass nur jemand viel Gescheiteres als Michael ihr die richtige Antwort geben könnte.

9. Kapitel

Die Geschichte von Barbara und John

Jane und Michael waren zu einer Einladung gegangen; sie hatten ihre besten Sachen angezogen und das Zimmermädchen Ellen hatte bei ihrem Anblick gesagt: Die reinsten Schaufensterpuppen!

Das Haus war an diesem Nachmittag sehr still und ruhig. Unten in der Küche las, die Brille auf der Nase, Mrs Brill die Zeitung. Robertson Ay saß im Garten und tat so, als täte er was. Mrs Banks hatte sich's im Wohnzimmer auf dem Sofa bequem gemacht. Das ganze Haus schien in Schlaf versunken; es träumte wohl seine eigenen Träume oder hing vielleicht auch seinen Gedanken nach.

Oben im Kinderzimmer trocknete Mary Poppins die Kleider am Kaminfeuer. Das Sonnenlicht drang zum Fenster herein, flimmerte auf den weißen Wänden und tanzte über die Bettchen, in denen die Kleinen lagen.

»Mach, dass du weiterkommst! Du scheinst mir gerade in die Augen«, sagte John laut.

»Tut mir Leid«, sagte das Sonnenlicht. »Ich kann's nicht ändern. Ich muss nun einmal das Zimmer durchqueren. Befehl ist Befehl. Ich muss in einem Tag von Osten nach Westen wandern und mein Weg führt durch dieses Kinderzimmer. Tut mir Leid! Mach deine Augen zu, dann merkst du nichts von mir.«

Der goldene Sonnenstrahl wanderte weiter durchs Zimmer. Offenbar beeilte er sich, um John einen Gefallen zu tun.
»Wie weich und wunderbar du bist! Ich hab dich lieb«, sagte Barbara und hielt ihre Händchen in die strahlende Wärme.
»Gutes Kind!«, sagte der Sonnenstrahl beifällig und streichelte sie über Bäckchen und Haar. »Hast du das gern?«, fragte er, als wollte er gelobt werden.
»Köö-stlich!«, sagte Barbara und seufzte glücklich.
»Entsetzlich! Ich kenne keinen Ort, wo mehr geplappert wird. Immer ist hier jemand im Zimmer und schwätzt«, sagte eine keifende Stimme vom Fenster her.
John und Barbara blickten auf.
Es war der Star, der oben auf dem Schornstein sein Nest hatte. »Ich hab's gern«, sagte Mary Poppins und drehte sich schnell nach ihm um. »Wie steht's denn übrigens mit dir? Den ganzen Tag lang – ja, und die halbe Nacht noch dazu, auf allen Dächern und Telegrafenstangen. Schimpfen und Kreischen und Schreien – du halt mal lieber deinen Schnabel.«
Der Star legte den Kopf auf die Seite und schaute von seinem Sitz auf dem Fensterrahmen auf sie hinab.
»Nun, ich muss meinen Geschäften nachgehen. Konferenzen, Besprechungen, Verhandlungen, Abschlüsse. Und das erfordert natürlich dann und wann ein – hm – ruhiges Gespräch.«
»Ruhiges?«, rief John und lachte hell auf.
»Mit dir hab ich nicht geredet, junger Mann«, sagte der Star und hüpfte hinunter aufs Fensterbrett. »Du hast es nötig, den Mund aufzumachen. Letzten Samstag hab ich

dich stundenlang plappern gehört. Liebe Zeit, ich dachte, du würdest überhaupt nicht mehr aufhören. Die ganze Nacht hab ich wach gelegen – deinetwegen.«

»Das war kein Geplapper«, sagte John. »Das war ...« Er hielt inne. »Mir hat etwas wehgetan.«

»Aha!«, machte der Star und saß plötzlich auf dem Gitter von Barbaras Bettchen. Dort hopste er seitlich bis ans Kopfende weiter. Dann sagte er mit sanfter, einschmeichelnder Stimme: »Na du, gibt's heute was für mich?«

Barbara richtete sich auf, indem sie sich an einer Stange ihres Bettgitters festhielt. »Hier ist noch die Hälfte von meinem Zwieback«, sagte sie und hielt ihm das Stückchen mit ihrer runden Faust hin.

Der Star kam angeschwirrt, schnappte ihr den Zwieback aus der Hand und flog aufs Fenstersims zurück. Dort begann er eifrig zu picken.

»Danke schön!«, sagte Mary Poppins mit Betonung, aber der Star war viel zu sehr mit seinem Zwieback beschäftigt, um darauf zu achten.

»Man sagt: Danke schön!«, wiederholte Mary Poppins etwas lauter.

Der Star blickte auf. »He – was? Lass mich zufrieden, Mädchen! Ich hab keine Zeit für solchen Firlefanz!« Und er verschlang die letzten Zwiebackkrumen.

Es wurde ganz still im Zimmer.

John, der in der Sonne döste, steckte die Zehen seines rechten Fußes in den Mund und rieb sie an der Stelle hin und her, wo seine Zähne durchbrechen wollten.

»Warum plagst du dich so?«, fragte Barbara mit ihrer weichen, vergnügten Stimme, die immer voller Lachen war. »Niemand ist da und sieht zu.«

»Weiß ich«, sagte John und spielte ein Liedchen auf seinen Zehen. »Aber ich bleibe gern in Übung. Es macht den Großen so viel Spaß. Hast du gemerkt, wie Tante Flossie fast närrisch war vor Entzücken, als ich es ihr gestern vormachte? ›Ach wie lieb und wie gescheit, welch ein Wunder, dieses Geschöpfchen!‹ Hast du nicht gehört, was sie alles daherredete?« Und John ließ seinen Fuß fahren und gluckste vor Lachen bei dem Gedanken an Tante Flossie.

»Mein Kunststück hat ihr auch gefallen«, sagte Barbara selbstzufrieden. »Ich hab meine Söckchen ausgezogen und da hat sie gesagt, sie hätte mich zum Fressen gern. Ist das nicht komisch? Wenn *ich* sage, ich hätte was zum Fressen gern, dann meine ich es wirklich. Kekse und Zwieback und die Bettzipfel und so. Aber mir scheint, die Großen meinen nie, was sie sagen. Sie konnte mich doch nicht wirklich auffressen wollen! Was meinst du?«

»Natürlich nicht! Es ist nur eine ihrer verrückten Redensarten«, sagte John. »Ich glaube, ich werde die Großen nie verstehen! Sie kommen mir alle so dumm vor. Sogar Jane und Michael sind manchmal dumm.«

»Hm«, stimmte Barbara zu und zog ihre Söckchen aus und wieder an.

»Zum Beispiel verstehen sie kein Wort von dem, was wir sagen«, fuhr John fort. »Aber, was noch viel schlimmer ist, sie verstehen auch die anderen Dinge nicht. Erst letzten Montag hörte ich Jane sagen, sie wüsste gern, in welcher Sprache der Wind redet.«

»Ja, ich weiß«, sagte Barbara. »Es ist erstaunlich. Und Michael behauptet immer, dass der Star nur ›Wi-twi-i-i‹ sagt. Er weiß wohl gar nicht, dass der Star so was bestimmt nicht sagt, sondern genau die gleiche Sprache

spricht wie wir. Natürlich ist nicht zu erwarten, dass Vater und Mutter das wissen – die haben keinen Schimmer, obgleich sie sehr lieb sind. Aber Jane und Michael, sollte man meinen ...«

»Früher haben sie's gewusst«, sagte da Mary Poppins, die gerade ein Nachthemd von Jane zusammenlegte.

»Was?«, riefen John und Barbara wie aus einem Mund und sehr erstaunt. »Wirklich? Du glaubst, früher haben sie den Star verstanden und den Wind und ...«

»Und die Bäume und die Sprache des Sonnenlichts und der Sterne – natürlich haben sie's verstanden. *Früher!*«, bestätigte Mary Poppins.

»Aber wieso haben sie dann alles vergessen?«, fragte

John, zog seine Stirn in Falten und versuchte es zu begreifen.

»Aha!«, sagte der Star und blickte verständnisvoll vom letzten Rest seines Zwiebacks auf. »Das möchtet ihr wohl gerne wissen?«

»Weil sie älter geworden sind«, erklärte Mary Poppins. »Barbara, sei lieb und zieh deine Söckchen wieder an!«

»Das ist ein dummer Grund«, sagte John unfreundlich.

»Es ist aber der wahre«, sagte Mary Poppins und zog Barbara die Söckchen an.

»Dann sind eben Jane und Michael dumm«, beharrte John. »Ich werd's nicht vergessen, wenn ich älter werde, das weiß ich bestimmt!«

»Ich auch nicht!«, sagte Barbara, die zufrieden an ihrem Finger lutschte.

»Doch, ihr werdet's vergessen!«, sagte Mary Poppins fest. Die Zwillinge setzten sich auf und sahen sie an.

»Huh!«, machte der Star verächtlich. »Sieh mal an. Ich glaub gar, ihr haltet euch für ein Weltwunder. Ihr seid mir die Rechten! Natürlich werdet ihr's vergessen – genau wie Jane und Michael.«

»Das werden wir nicht!«, sagten die Zwillinge und blickten den Star dabei an, als wollten sie ihn am liebsten umbringen. Der Star lachte sie aus.

»Wenn ich's euch sage! Natürlich ist es nicht eure Schuld«, fuhr er freundlicher fort. »Ihr werdet's vergessen, weil ihr nicht anders könnt. Noch nie hat ein Menschenkind sich daran erinnern können, sobald es älter als ein Jahr ist, allerhöchstens – mit einer Ausnahme, versteht sich: SIE.« Damit warf er Mary Poppins über die Schulter einen Blick zu.

»Aber wieso kann sie sich erinnern und wir sollten's nicht können?«, fragte John.
»Ja-a-a! Sie ist was anderes. Sie stellt die große Ausnahme dar. Mit ihr könnt ihr euch nicht vergleichen«, sagte der Star.
John und Barbara verstummten.
»Seht ihr, sie ist etwas Besonderes«, erklärte der Star. »Nicht dem Aussehen nach, versteht sich. Am ersten Tag schon ist eins meiner neugeborenen Jungen hübscher, als es Mary Poppins je war ...«
»So eine Unverschämtheit!«, rief Mary Poppins erbost, fuhr auf ihn los und schlug mit ihrer Schürze nach ihm.
Aber der Star hüpfte beiseite und flog auf den Fensterrahmen hinauf; dort war er außer Reichweite und pfiff schadenfroh. »Glaubtest wohl, du hättest mich diesmal?«, höhnte er und schüttelte seine Schwungfedern.
Mary Poppins schnaufte wütend.
Das Sonnenlicht setzte seinen Weg durchs Zimmer fort und zog seinen langen, goldenen Strahl hinter sich her. Draußen hatte sich ein leichter Wind erhoben, der den Kirschbäumen am Weg leise etwas zuraunte.
»Horcht, horcht, was der Wind erzählt«, rief John und wandte lauschend den Kopf. »Und das können wir nicht mehr hören, wenn wir erst älter sind? Ist das dein Ernst, Mary Poppins?«
»Hören werdet ihr's wohl«, sagte Mary Poppins, »aber nicht mehr verstehen.«
Barbara fing leise an zu weinen. Auch John kamen die Tränen.
»Nun, da ist nichts zu ändern. Das ist der Lauf der Welt«, sagte Mary Poppins voller Mitgefühl.

»Ah, da schau her!«, höhnte der Star. »Schaut sie nur an! Heulen sich fast zu Tode! Ein Star, der noch im Ei steckt, hat wahrlich mehr Verstand. Schaut sie nur an!«

Denn John und Barbara weinten nun zum Erbarmen in ihren Bettchen – lang gezogene Schluchzer voll tiefster Verzweiflung. Auf einmal öffnete sich die Tür und herein kam Mrs Banks. »Mir war, als hörte ich die Kleinen«, sagte sie und eilte auf die Kinderbettchen zu. »Was habt ihr denn, meine Schätzchen? Meine Herzchen, meine süßen, geliebten Vögelchen, was fehlt euch denn? – Warum weinen sie so, Mary Poppins? Den ganzen Nachmittag sind sie so lieb gewesen, kein Ton war von ihnen zu hören. Was fehlt ihnen bloß?«

»Ja, Madam. Nein, Madam. Ich glaube, dass sie ihre Zähnchen bekommen, Madam«, erwiderte Mary Poppins vorsichtig und vermied es, den Star anzusehen.

»Oh, natürlich, das wird's sein!«, rief Mrs Banks beruhigt.

»Ich will aber keine Zähne, wenn ich dann alles vergesse, was mir das Liebste ist!«, jammerte John und warf sich im Bettchen hin und her.

»Ich auch nicht!«, schluchzte Barbara und vergrub ihr Gesichtchen im Kissen.

»Meine armen, kleinen Herzchen – es wird ja wieder gut, wenn nur erst die bösen dummen Zähnchen da sind!«, tröstete Mrs Banks sie und ging von einem Bettchen zum anderen.

»Du verstehst mich nicht«, heulte John wütend. »Ich will gar keine Zähne.«

»Nichts wird gut, alles wird schlecht«, weinte Barbara in ihr Kissen.

»Ps-ps-ps! So-so-so! Die Mutti weiß schon – die Mutti versteht euch ja! Alles wird wieder gut, wenn erst die Zähnchen da sind«, summte Mrs Banks zärtlich. Vom Fenster her kam ein schwaches Geräusch. Es war der Star, der rasch ein Lachen verschluckte. Mary Poppins warf ihm einen Blick zu, der ihn einschüchterte, und er beobachtete von da ab die Szene, ohne auch nur im Geringsten zu lächeln.

Mrs Banks tätschelte sanft ihre Kinder, erst das eine, dann das andere, und murmelte Worte, die sie für beruhigend hielt.

Plötzlich hörte John mit Weinen auf. Er war sehr gutartig und hatte seine Mutter gern. Er fand, man müsse gerecht sein. Arme Frau! Es war ja nicht ihr Fehler, dass sie immer das Falsche sagte. Es lag daran, dass sie nichts verstand, überlegte er. Und um zu zeigen, dass er ihr verzieh, drehte er sich auf den Rücken, schluckte die Tränen hinunter, packte seinen rechten Fuß mit beiden Händen und rieb die Zehen an seinem offenen Mund.

»So was Geschicktes! Nein, so was Geschicktes!«, rief seine Mutter bewundernd. Gleich tat er es noch einmal und sie war vollends entzückt.

Dann krabbelte Barbara, die hinter ihrem Brüderchen nicht zurückstehen wollte, aus ihrem Kissen hervor, setzte sich mit tränenüberströmtem Gesichtchen auf und zog ihre beiden Söckchen aus.

»Ein großartiges Mädchen!«, sagte Mrs Banks stolz und gab ihr einen Kuss.

»Da sehen Sie's, Mary Poppins. Sie sind schon wieder lieb. Mir gelingt es immer, sie zu beruhigen. Ganz lieb, ganz lieb!«, wiederholte sie, als summte sie ein Wiegenlied. »Und die Zähnchen sind sicher bald durch.«

»Gewiss, Madam«, sagte Mary Poppins ruhig. Und Mrs Banks lächelte den Zwillingen zu, ging hinaus und schloss die Tür.

Kaum war sie verschwunden, brach der Star in schallendes Gelächter aus. »Entschuldigt, dass ich so lache«, rief er. »Aber wirklich – ich kann nicht anders. So ein Theater! Nein, so ein Theater!«

John beachtete ihn gar nicht. Er presste sein Gesicht an das Gitter seines Bettchens und rief leise und voll Leidenschaft zu Barbara hinüber: »Ich will nicht wie die anderen werden! Glaub mir, ich will nicht! Die beiden«, er zeigte mit dem Kopf auf den Star und Mary Poppins, »die können sagen, was sie wollen. Ich werd es nie vergessen, nie!«

Mary Poppins lächelte ein heimliches Ich-weiß-es-besser-als-du-Lächeln vor sich hin.

»Ich auch nicht«, sagte Barbara, »nie!«

»Bei meinen Schwanzfedern – hört euch das an!«, kreischte der Star. »Als ob gegen das Vergessen ein Kraut gewachsen wäre! Schon in einem Monat oder zwei – allerhöchstens in drei – werden sie nicht einmal mehr wissen, wie ich heiße – diese einfältigen Kuckucke!« Lachend breitete er seine gesprenkelten Flügel aus und flog zum Fenster hinaus.

Bald danach waren die Zähnchen da, nach mancher Not, wie das so ist bei den Zähnen, und dann hatten die Zwillinge ihren ersten Geburtstag.

Einen Tag nach der großen Geburtstagsfeier kam der Star, der in den Ferien in Bournemouth gewesen war, wieder zur Nummer siebzehn im Kirschbaumweg.

»Hallo, hallo, hallo! Da sind wir ja wieder!«, schrie er voll Freude und landete mit einem kleinen Schwups auf dem Fenstersims. »Nun, wie geht's denn, altes Mädchen?«, erkundigte er sich dreist bei Mary Poppins, legte den Kopf auf die Seite und schaute sie mit vergnügten Augen an.
»Keineswegs besser dank deiner Nachfrage!«, sagte Mary Poppins und warf den Kopf zurück.
Der Star lachte.
»Immer die alte Mary Poppins! Bei dir wenigstens gibt's keine Veränderung! Wie geht's den andern – den Kuckucken?«, fragte er und schaute hinüber zu Barbaras Bettchen.
»Nun, Barbarina«, schmeichelte er in seinem schmelzendsten Ton, »gibt's heute was für mich?«
»Be-lah-blah-belah-belah«, summte Barbara leise und fuhr fort, ihren Zwieback zu essen.
Überrascht hüpfte der Star ein wenig näher. »Ich habe dich gefragt«, wiederholte er etwas deutlicher, »ob du heute was hast für mich, Barbie, mein Liebling?«
»Ba-loo-baloo-b-loo«, plapperte Barbara, guckte zur Decke und verschluckte dabei den letzten süßen Bissen.
»Aha!«, machte der Star plötzlich, drehte sich um und sah fragend Mary Poppins an. Aus stillen, ruhigen Augen erwiderte sie seinen Blick.
Der Star huschte zu Johns Bettchen hinüber und setzte sich auf das Gitter. John hielt ein großes wollenes Lamm innig im Arm.
»Wie heiße ich? Wie heiße ich? Wie heiße ich?«, schrie der Star ganz ängstlich und schrill.
»Er-umph!«, sagte John, machte den Mund auf und steckte das Bein seines wollenen Lamms hinein.

Mit leichtem Kopfschütteln wandte sich der Star ab.
»Also – es ist so weit!«, sagte er zu Mary Poppins.
Sie nickte.
Der Star betrachtete die Zwillinge einen Augenblick betrübt. Dann schüttelte er seine gesprenkelten Schultern.
»Na schön – ich hab's ja kommen sehen. Hab's ihnen immer gesagt. Aber sie haben's ja nicht glauben wollen.«
Er blieb noch eine Weile still sitzen und starrte in die Bettchen. Dann schüttelte er sich energisch.
»So ist's eben! Ich muss fort. Wieder auf meinen Schornstein. Der hat bestimmt den Frühjahrsputz nötig.« Er flog aufs Fenstersims, zögerte dort einen Augenblick und sah über die Schulter zurück.
»Wird mir recht komisch vorkommen ohne sie, trotz allem. Hab mich immer gern mit ihnen unterhalten – weiß Gott. Werde sie sehr vermissen.«
Und er fuhr sich mit dem Flügel rasch über die Augen.
»Tränen?«, fragte Mary Poppins spöttisch.
Der Star nahm sich zusammen.
»Tränen! Natürlich nicht. Ich hab mir nur – hm – eine

leichte Erkältung geholt auf der Reise – das ist alles. Wirklich, nur eine leichte Erkältung, nichts Ernstes.« Er flog zum Fensterrahmen hinauf, strich seine Brustfedern mit dem Schnabel glatt, breitete dann mit einem kecken »Cheerio!« seine Flügel aus und war fort.

10. KAPITEL

Vollmond

Den ganzen Tag über war Mary Poppins in großer Eile gewesen, und wenn sie es eilig hatte, war sie immer mürrisch.

Alles, was Jane tat, war nicht recht, und was Michael tat, war noch weniger recht. Selbst die Zwillinge fuhr sie an.

Jane und Michael gingen ihr möglichst aus dem Weg. Sie wussten, Mary Poppins hatte Zeiten, da war es besser, ihr nicht unter die Augen zu geraten.

»Ich wollte, wir wären unsichtbar!«, sagte Michael, nachdem Mary Poppins behauptet hatte, sein Anblick sei etwas, was man einem Menschen mit Selbstachtung nicht zumuten könne.

»Wenn wir uns hinter dem Sofa verstecken, sind wir's«, sagte Jane. »Wir wollen das Geld in unsern Sparbüchsen zählen; vielleicht ist sie nach dem Nachtessen besser aufgelegt.«

Also versteckten sie sich.

»Sechs Pennys und vier Pennys – macht zehn Pennys und noch ein halber Penny und ein Dreipennystück«, zählte Jane schnell zusammen.

»Vier Pennys und drei Zweipennystücke – das ist alles«, seufzte Michael und legte sein Geld auf ein Häufchen.

»Das langt gerade für die Armenbüchse«, sagte Mary

Poppins, die leise schnüffelnd über die Sofalehne schaute.

»O nein!«, sagte Michael. »Das ist für mich. Ich will sparen.«

»Hu – für eins von diesen Flugzeugen vermutlich!«, meinte Mary Poppins spöttisch.

»Nein, für einen Elefanten – einen für mich ganz allein, so einen wie die Lizzie im Zoo. – Ich könnte dich dann reiten lassen«, sagte Michael mit einem Seitenblick um zu sehen, wie sie es aufnahm.

»Hm! Was für eine Idee!«, sagte Mary Poppins. Aber sie spürten, dass sie nicht mehr ganz so spöttisch aufgelegt war wie zuvor.

»Ich möchte gern wissen, wie es im Zoo bei Nacht ist, wenn alle Leute heimgegangen sind«, sagte Michael gedankenvoll.

»Deine Sorgen möchte ich haben!«, unterbrach ihn Mary Poppins.

»Sorgen hab ich keine, ich möcht es nur wissen!«, sagte Michael. »Weißt du es denn?«, bohrte er, während Mary Poppins doppelt so schnell wie sonst die Krümel vom Tisch fegte.

»Noch eine einzige Frage von dir, und eins, zwei, drei, ins Bett«, sagte sie und begann, so schnell das Kinderzimmer aufzuräumen, dass sie mehr einer Windsbraut mit Häubchen und Schürze glich als einem menschlichen Wesen.

»Es hat keinen Sinn, sie zu fragen. Sie weiß alles, aber sie sagt es nie«, meinte Jane.

»Was nützt es dann, wenn sie's keinem erzählt?«, brummte Michael, aber sehr leise, dass Mary Poppins es nicht hören konnte.

Jane und Michael kam es vor, als wären sie noch nie so schnell zu Bett gebracht worden wie an diesem Abend. Gleich darauf machte Mary Poppins das Licht aus und ging so geschwind hinaus, als bliesen alle Winde der Welt hinter ihr drein.

Nicht viel später – so wenigstens erschien es ihnen – hörten sie plötzlich eine leise Stimme an der Tür.

»Beeilt euch, Jane und Michael!«, flüsterte die Stimme. »Zieht etwas an und beeilt euch!«

Überrascht und erstaunt sprangen sie aus den Betten.

»Komm!«, sagte Jane. »Es ist etwas los.« Und sie tastete im Dunkeln nach ihren Sachen.

»Beeilt euch!«, rief die Stimme wieder.

»Oje, alles, was ich finden kann, ist meine Matrosenmütze und ein Paar Handschuhe!«, rief Michael, der im Zimmer herumlief, Schubladen aufzog und in Fächern herumtastete.

»Das genügt. Zieh sie an. Es ist nicht kalt. Kommt jetzt.«

Jane hatte für sich nur ein kleines Jäckchen von John finden können, doch sie zwängte ihre Arme hinein und öffnete die Tür.

Draußen war niemand, aber es schien ihnen, als hörten sie etwas die Treppe hinunterhuschen. Jane und Michael folgten. Wer oder was immer es war, es hielt sich beständig vor ihnen. Sie sahen es nie, aber sie hatten das bestimmte Gefühl, einem Etwas, das ihnen winkte, zu folgen. Es führte sie immer weiter. Jetzt waren sie auf der Straße, wo ihre Pantoffeln im Laufen ein leise schlürfendes Geräusch auf dem Pflaster erzeugten.

»Beeilt euch!«, rief die Stimme wieder, diesmal von der

nächsten Straßenecke, aber als sie um die Ecke bogen, war wieder nichts zu sehen. Nun begannen sie zu laufen, Hand in Hand, immer der Stimme nach, durch Straßen und Alleen, durch Torbögen und über Parkwege, keuchend und atemlos, bis sie vor einem Drehkreuz in einer Mauer zum Stehen kamen.

»Jetzt seid ihr da!«, sagte die Stimme.

»Wo?«, fragte Michael. Aber es kam keine Antwort. Michael an der Hand ziehend, ging Jane zum Drehkreuz.

»Schau!«, sagte sie. »Siehst du nicht, wo wir sind! Am Zoo!«

Ein strahlend heller Vollmond leuchtete am Himmel; bei seinem Schein untersuchte Michael das eiserne Gitter und guckte durch die Stäbe. Natürlich! Wie dumm von ihm, dass er es nicht gemerkt hatte! Sie waren tatsächlich am Zoo.

»Aber wie kommen wir hinein?«, fragte er. »Wir haben doch kein Geld.«

»Schon gut!«, kam eine tiefe, brummige Stimme von drinnen. »Besondere Besucher haben heute Nacht freien Eintritt. Dreht bitte das Rad!«

Jane und Michael taten es und schon waren sie drin.

»Hier ist eure Eintrittskarte!«, sagte die brummige Stimme, und als sie aufschauten, sahen sie einen großen Braunbären. Er trug eine Jacke mit Messingknöpfen und auf dem Kopf eine Schirmmütze. In seiner Tatze hatte er zwei rosa Karten, die er den Kindern hinhielt.

»Wir geben doch sonst die Karten ab«, sagte Jane.

»Sonst gilt, was man sonst tut. Heute Nacht behaltet ihr sie«, sagte der Bär.

Michael hatte ihn recht genau betrachtet.

»Dich kenne ich«, sagte er zu dem Bären. »Dir hab ich einmal eine Büchse mit goldgelbem Sirup gegeben.«
»Das stimmt«, sagte der Bär. »Aber du hattest vergessen, den Deckel abzumachen. Weißt du, dass ich gut zehn Tage meine liebe Not mit dem Deckel hatte? Pass künftig besser auf!«
»Aber warum bist du nicht in deinem Käfig? Bist du nachts immer draußen?«, fragte Michael.
»Nein – nur wenn der Geburtstag auf den Vollmond fällt. Aber ihr müsst mich entschuldigen, ich muss auf das Tor Acht geben.« Und der Bär wandte sich um und machte sich am Drehkreuz zu schaffen.
Jane und Michael gingen, die Eintrittskarten in der Hand, in den Zoo hinein. Im Schein des Vollmonds war jeder Baum, jede Blume und jeder Strauch zu erkennen.
»Da ist ja allerhand los!«, bemerkte Michael.
Und so war es auch. Auf allen Wegen liefen Tiere herum, manchmal in Gesellschaft von Vögeln, manchmal allein. Zwei Wölfe überholten die Kinder und redeten eifrig auf einen großen Storch ein, der mit zierlich leichten Schritten zwischen ihnen stolzierte. Im Vorübergehen verstanden Jane und Michael deutlich die Worte »Geburtstag« und »Vollmond«.
Nicht weit von ihnen schlenderten nebeneinander drei Kamele und dort wanderten ein Biber und ein amerikanischer Geier, tief ins Gespräch versunken. Den Kindern kam es vor, als redeten sie alle über dasselbe Thema.
»Wer heut wohl Geburtstag hat, möcht ich wissen«, sagte Michael, aber Jane lief weiter und hatte nur Augen für ein besonderes Schauspiel.
Vor dem Elefantenkäfig ging auf allen vieren ein großer,

sehr dicker alter Herr; auf seinem Rücken waren hintereinander zwei schmale Sitzpolster festgeschnallt, auf denen acht Affen schaukelten.
»Hier ist ja alles auf den Kopf gestellt!«, rief Jane.
Der alte Herr warf ihr im Vorbeigehen einen ärgerlichen Blick zu.
»Auf den Kopf gestellt!«, schnaufte er. »Ich? Auf den Kopf gestellt? Ganz gewiss nicht. So eine Frechheit!« Die acht Affen lachten ungezogen.
»O bitte, ich hab nicht Sie gemeint, sondern – das alles hier«, wollte Jane erklären und lief ihm nach, um sich zu entschuldigen. »An gewöhnlichen Tagen reiten die Menschen auf den Tieren und hier ist es umgekehrt. Das meinte ich.«
Aber der alte Herr blieb dabei, es sei eine Frechheit, und setzte, mühsam nach Luft schnappend, mit den kreischenden Affen auf dem Rücken seinen Weg fort. Jane sah, es hatte keinen Zweck, ihm zu folgen. So nahm sie Michael an der Hand und ging weiter. Da wurden sie plötzlich durch eine Stimme erschreckt, die sie dicht vor

ihren Füßen anrief: »Kommt her, ihr beiden! Kommt her! Will mal sehen, ob ihr nach ein paar Orangenschalen taucht, die ihr gar nicht haben wollt!« Es war eine verbitterte, böse Stimme, sie kam von einem kleinen schwarzen Seehund, der aus dem mondbeschienenen Wasser eines Tümpels nach ihnen schielte.
»Kommt nur her und seht mal, ob ihr das möchtet!«, rief er.
»Aber – wir können ja gar nicht schwimmen«, sagte Michael.
»Das ist gleich, das hättet ihr vorher bedenken sollen! Niemand denkt daran, ob ich schwimmen kann oder nicht. Na, was gibt's denn? Was willst du?«
Mit dieser Frage wandte er sich an einen anderen Seehund, der aus dem Wasser aufgetaucht war und ihm etwas ins Ohr geflüstert hatte.
»Wer?«, fragte der erste Seehund. »So sprich doch deutlicher!«
Der andere Seehund flüsterte wieder. Jane verstand: »Besondere Besucher – Freunde von ...« und dann nichts mehr. Der erste Seehund schien enttäuscht, trotzdem aber sagte er höflich zu Jane und Michael:
»Oh, bitte um Entschuldigung! Erfreut, Ihre Bekanntschaft zu machen! Bitte, verzeihen Sie!« Und er hielt ihnen seine Flosse hin und schüttelte ihnen beiden schlaff die Hände.
»Kannst du nicht sehen, wohin du trittst, oder ist das zu viel verlangt?«, rief er, als jemand Jane anstieß. Sie drehte sich auf den Absätzen um und fuhr erschrocken zurück, als sie einen riesigen Löwen vor sich stehen sah. Die Augen des Löwen leuchteten freudig auf, als er sie erblickte.

»Oh, ich muss sagen ...«, fing er an. »Ich hab nicht gewusst, dass ihr es seid. Hier ist es heute Nacht so überfüllt und ich hab es so eilig, weil ich die Menschenfütterung sehen will. Ich fürchte, ich habe nicht genug auf den Weg geachtet. Kommt ihr mit? Ihr solltet euch das nicht entgehen lassen!«
»Vielleicht«, sagte Jane artig, »wenn Sie uns den Weg zeigen wollen?« Sie fühlte sich dem Löwen gegenüber etwas unsicher, obwohl er ganz freundlich aussah. Und überhaupt, dachte sie, heute Nacht steht hier alles Kopf.
»Sehr angenehm!«, sagte der Löwe ein wenig geziert und reichte ihr den Arm. Sie nahm ihn, zog aber Michael dicht neben sich, der Sicherheit halber.
»Sieht meine Mähne nicht hübsch aus?«, fragte der Löwe im Gehen. »Ich hab mir für diese Gelegenheit frische Dauerwellen machen lassen!«
Jane betrachtete ihn. Sie sah, seine Mähne war sorgfältig geölt und in Locken gelegt.
»Sehr schön!«, sagte sie. »Aber ist es nicht etwas ungewöhnlich für einen Löwen, sich mit solchen Dingen abzugeben? Ich dachte ...«
»Was? Meine liebe junge Dame, du weißt ja: Der Löwe ist der König der Tiere. Er muss auf seine Stellung bedacht sein. Ich jedenfalls vergesse das nie. Ein Löwe, finde ich, sollte immer und überall eine gute Figur machen. Hier entlang, bitte!«
Und mit einem anmutigen Wink seiner Vorderpranke deutete er auf das große Raubtierhaus und führte die Kinder zur Eingangstür.
Bei dem Anblick, der sich ihnen hier bot, hielten Jane und Michael den Atem an. Die große Halle war gedrängt voll

von Tieren. Einige lehnten an der langen Schranke, die sie von den Käfigen trennte, andere waren auf die Sitze der gegenüberliegenden Stuhlreihen geklettert. Da gab es Panther und Leoparden, Wölfe, Tiger und Antilopen, Affen und Igel, Beutel- und Murmeltiere, Bergziegen und Giraffen. Möwen und Geier bildeten eine riesige Gruppe für sich.

»Großartig, nicht wahr?«, fragte der Löwe stolz. »Ganz wie in den alten Dschungeltagen. Aber kommt weiter – wir müssen uns einen guten Platz suchen!«

Und er bahnte sich einen Weg durch die Menge, indem er immer »Platz da! Platz da!« rief und Jane und Michael hinter sich herzog. Endlich konnten sie durch eine kleine Lücke in der Mitte der Halle einen Blick auf die Käfige werfen.

»Aber«, sagte Michael und sperrte vor Staunen den Mund auf, »die Käfige sind ja voller Menschen!«

Und so war es auch.

In einem Käfig wandelten, mit Zylinderhut und gestreifter Hose, zwei große Herren mittleren Alters auf und ab und starrten ängstlich durchs Gitter, als ob sie auf etwas warteten.

In einem anderen Käfig krabbelten, vom Baby an, Kinder aller Art und Größe herum. Die Tiere draußen beobachteten sie neugierig und einige von ihnen versuchten, die Kleinen zum Lachen zu bringen, indem sie ihre Pfoten oder ihre Schwänze durch die Gitterstäbe steckten. Eine Giraffe reckte ihren langen Hals über die Köpfe der anderen Tiere hinweg und ließ ihre Nase von einem kleinen Jungen im Matrosenanzug kitzeln.

In einem dritten Käfig saßen drei ältere Damen in Regenmänteln und Galoschen gefangen. Eine von ihnen strickte, aber die beiden anderen standen dicht beim Gitter, schrien die Tiere an und stießen mit ihren Regenschirmen nach ihnen.

»Widerliches Viehzeug! Macht, dass ihr fortkommt! Ich möchte endlich meinen Tee haben!«, schrie die eine.

»Ist die aber komisch!«, sagten ein paar von den Tieren und lachten laut über sie.

»Jane – sieh nur!«, rief Michael und zeigte auf einen Käfig am Ende der Reihe. »Ist das nicht...?«

»Admiral Boom!«, rief Jane, aufs Höchste überrascht.

Es war wirklich Admiral Boom. Er tobte in seinem Käfig herum, hustete, putzte sich dröhnend die Nase und kochte vor Wut.

»Verdammt noch mal! Alle Mann an die Pumpe! Land ahoi! Abdrehen, ihr dort! Verdammt noch mal!«, schrie der Admiral. Sooft er ans Gitter kam, stupste ein Tier ihn sacht mit einem Stock und das brachte den Admiral schrecklich zum Fluchen.

»Aber wie sind sie alle in den Käfig gekommen?«, fragte Jane den Löwen.

»Verloren gegangen!«, erwiderte der Löwe. »Oder vielleicht zurückgelassen! Es sind Leute, die getrödelt haben und mit eingeschlossen wurden, als man die Tore schloss. Irgendwo muss man sie unterbringen. Darum halten wir sie hier. Der ist gefährlich – der dort! Vor noch nicht langer Zeit hätte er beinahe seinen Wärter umgebracht. Geht nicht zu dicht an ihn ran!« Und er deutete auf Admiral Boom.

»Zurücktreten, bitte! Nicht drängeln! Platz machen!«, hörten Jane und Michael einige Stimmen laut rufen.

»Ah – jetzt werden sie gefüttert!«, sagte der Löwe und drängte sich aufgeregt durch die Menge.
»Da kommen die Wärter.«
Vier braune Bären, die Schirmmützen trugen, fuhren Karren mit Speisen den schmalen Gang entlang, der die Tiere von den Käfigen trennte.
»Zurück! Platz da!«, riefen sie, sobald ihnen ein Tier im Weg stand. Dann öffneten sie in jedem Käfig eine kleine Tür und schoben das Essen auf Gabeln hinein.

Durch eine Lücke zwischen einem Panther und einem Dingo konnten Jane und Michael genau verfolgen, was vorging.
Zu den Babys wurde Flaschenmilch hineingeschoben. Sie grapschten mit den Händen danach und hielten sie fest. Die älteren Kinder schnappten sich Kuchenstückchen und Berliner Pfannkuchen von den Gabeln und bissen heißhungrig hinein. Die Platten mit dünnen Butterbroten und Teekuchen waren für die Damen in den Galoschen bestimmt und die Herren mit den Zylinderhüten bekamen Hammelkoteletts und Eierkrem in Glasschüsseln. Jeder trug seine Portion in eine andere Ecke, breitete ein Taschentuch über die gestreiften Hosen und fing an zu essen.
Die Wärter standen noch auf dem Gang vor den Käfigen, als plötzlich ein großer Tumult entstand.
»Verdammt noch mal – das soll eine Mahlzeit sein? Ein armseliges kleines Beefsteak und ein bisschen Wirsingkohl? Was – nicht mal Plumpudding? Unglaublich! Lichtet den Anker! Wo ist mein Portwein? Portwein, sag ich! Dreht bei, ihr da unten! Wo ist der Portwein für den Admiral?«
»Hört euch das an! Er ist wild geworden. Ich hab euch ja gesagt, auf den ist kein Verlass!«, sagte der Löwe.
Es brauchte Jane und Michael nicht näher erklärt zu werden, wen er meinte. Sie kannten Admiral Booms Ausdrucksweise nur allzu gut.
»So«, sagte jetzt der Löwe, da der Lärm in der Halle allmählich abnahm. »Wie's scheint, ist die Fütterung vorbei. Ich fürchte, ich muss jetzt weiter. Bitte, entschuldigt mich! Wahrscheinlich sehe ich euch noch bei der Großen

Kette. Ich werde nach euch Ausschau halten!« Er brachte sie noch bis zur Tür und verabschiedete sich dann mit einem Kratzfuß und einem Schütteln seiner gelockten Mähne; im Wechsel von Mondlicht und Schatten sah sein goldgelbes Fell ganz gefleckt aus.

»O bitte ...«, rief Jane ihm nach. Aber er war schon außer Hörweite.

»Ich wollte ihn nur fragen, ob sie gar nicht wieder herausdürfen. Die armen Menschen! Wie leicht könnten John und Barbara dabei sein – oder einer von uns.« Sie drehte sich nach Michael um und merkte, dass er gar nicht mehr neben ihr war. Er war weitergegangen, und als sie ihn einholte, fand sie ihn im Gespräch mit einem Pinguin, der mitten auf dem Weg stand, einen großen Notizblock unter den einen und einen riesigen Bleistift unter den anderen Flügel geklemmt. Als sie näher kam, kaute er nachdenklich am Bleistift.

»Mir fällt nichts ein«, hörte sie Michael sagen, sichtlich als Antwort auf eine Frage.

Der Pinguin wandte sich an Jane. »Vielleicht kannst du mir helfen. Was reimt sich auf Mary? ›Gar nie‹ kann ich nicht verwenden, weil das früher schon da war und man originell sein muss. Schlagt mir auch nicht ›Feerie‹ vor, bitte – daran habe ich selbst schon gedacht, aber es geht nicht, es passt nicht ein bisschen auf sie.«

»Harry!«, schlug Michael vergnügt vor.

»Hm. Nicht poetisch genug«, überlegte der Pinguin laut.

»Wie wär's mit ›wär wie‹?«, meinte Jane.

»Ganz gut ...« Der Pinguin schien es in Erwägung zu ziehen. »Aber nichts Besonderes, oder findet ihr?«, sagte er ein wenig unglücklich. »Ich fürchte, ich muss es aufgeben. Wisst ihr, ich versuche, ein Geburtstagsgedicht zu machen. Ich hab's mir so hübsch gedacht, wenn es anfinge:

›O Mary, Mary – –‹,

aber dann komme ich einfach nicht weiter. Es ist schon ärgerlich! Von einem Pinguin erwartet man etwas Gescheites und ich möchte sie nicht enttäuschen. Aber – haltet mich lieber nicht auf! Ich muss sehn, dass ich damit zu Rande komme!« Und am Bleistift nagend, rannte er, über den Notizblock gebeugt, weiter.
»Das ist alles ganz verrückt!«, sagte Jane seufzend. »Wer hat wohl Geburtstag?«
»Nun, ihr beiden, kommt schon, kommt schon! Sicher wollt ihr eure Aufwartung machen, weil ja Geburtstag ist, und überhaupt!«, sagte hinter ihnen eine Stimme. Als sie sich umdrehten, sahen sie den Braunbären, der ihnen die Eintrittskarten gegeben hatte.
»O natürlich!«, sagte Jane. Ihr schien es am sichersten, darauf einzugehen, obwohl sie nicht im Mindesten wusste, wem sie ihre Aufwartung machen sollten.
Der Braunbär legte eine Tatze um jedes der Kinder und schob sie vorwärts. Sie spürten sein warmes, weiches Fell an ihrer Haut und hörten das Brummen, das beim Sprechen aus seinem Mund heraufdrang.
»Da sind wir! Da sind wir!« Der Braunbär hielt vor einem kleinen Haus, dessen Fenster so hell erleuchtet waren, dass man, wäre nicht gerade Vollmond gewesen, hätte meinen können, die Sonne schiene. Der Bär machte die Tür auf und schob die beiden Kinder sacht hinein.

Zuerst waren sie von dem Licht geblendet, aber bald gewöhnten sich ihre Augen daran und sie sahen, dass sie im Schlangenhaus standen. Alle Käfige waren offen und die Schlangen herausgekrochen – die einen lagen zu großen, schuppigen Klumpen zusammengerollt, andere wiederum glitten lautlos über den Boden. Und mitten unter den Schlangen saß auf einem Klotz, den man anscheinend aus einem Käfig geholt hatte, Mary Poppins. Jane und Michael trauten kaum ihren Augen.

»Geburtstagsgäste, Madam!«, meldete der Bär respektvoll.

Die Schlangen wandten neugierig ihre Köpfe nach den Kindern. Mary Poppins rührte sich nicht. Aber sie sprach!

»Darf ich fragen, wo du deinen Mantel gelassen hast?«, fragte sie und sah Michael verdrießlich, aber keineswegs überrascht an. »Und du deinen Hut und die Handschuhe?«, fuhr sie bissig auf Jane los. Aber ehe sie antworten konnten, ging eine Bewegung durchs Schlangenhaus.

»Hsssst! Hsssst!«

Mit leisem Zischeln richteten die Schlangen sich auf und verneigten sich vor jemand hinter Janes und Michaels Rücken. Der Braunbär nahm seine Schirmmütze ab. Und langsam stand auch Mary Poppins auf.

»Mein liebes Kind! Mein sehr geliebtes Kind!«, sagte eine leise, zart zischelnde Stimme. Und aus dem großen Käfig kroch mit langsamen, weich schlängelnden Bewegungen eine Brillenschlange. Sie glitt in anmutigen Bögen an den sich verneigenden Schlangen und an dem Braunbären vorbei auf Mary Poppins zu. Und als sie sie erreicht hatte, richtete sie ihren langen, goldenen Leib auf, blähte ihre goldene, schuppige Haube und küsste Mary Poppins zärtlich erst auf die eine, dann auf die andere Wange.

»So!«, zischelte sie sanft. »Das ist eine Freude – wirklich eine große Freude. Es ist lange her, seit dein Geburtstag auf einen Vollmond fiel, meine Liebe.« Sie wandte den Kopf. »Setzt euch, Freunde!«, sagte sie, gnädig den Kopf neigend, zu den anderen Schlangen, die bei dieser Aufforderung wieder zu Boden sanken, sich zusammenringelten und ihre Blicke unverwandt auf die Brillenschlange und Mary Poppins hefteten.

Die Schlange wandte sich nun Jane und Michael zu. Mit leisem Schauder erkannten die beiden, dass sie noch nie in ein so winziges und verwittertes Antlitz geblickt hatten wie in dieses hier. Sie traten einen Schritt näher, angezogen von den seltsamen Schlangenaugen. Lang und schmal waren sie, umschleiert vom Ausdruck einer geheimnisvollen Schläfrigkeit, in der zuweilen ein wachsames Licht aufblitzte wie ein Edelstein.

»Und wer ist das, wenn ich fragen darf?«, erkundigte sich die Schlange mit ihrer weichen, erregenden Stimme und sah die Kinder fragend an.

»Miss Jane Banks und Master Michael Banks, wenn Sie erlauben!«, antwortete der Braunbär heiser, als sei er ein wenig besorgt. »*Ihre* Freunde!«

»Ah, *ihre* Freunde. Dann sind sie willkommen. Setzt euch bitte, meine Lieben!«

Jane und Michael, die das Gefühl hatten, vor einer Königin zu stehen – bei dem Löwen hatten sie dieses Gefühl nicht gehabt –, lösten ihre Augen nur schwer aus dem zwingenden Blick und sahen sich um, wo sie sich setzen

könnten. Der Braunbär half ihnen aus der Verlegenheit; er hockte sich nieder und bot jedem Kind ein pelziges Knie.
Jane sagte flüsternd: »Sie spricht, als sei sie eine große Herrscherin!«
»Das ist sie auch! Sie ist die Herrscherin unserer Welt – die klügste und furchtbarste von uns allen!«, sagte der Braunbär leise und voller Ehrfurcht.
Die Schlange lächelte, ein leichtes, lässiges, geheimnisvolles Lächeln, und wandte sich dann an Mary Poppins.
»Kusine!«, begann sie, leise zischend.

»Ist sie wirklich ihre Kusine?«, raunte Michael.
»Kusine ersten Grades – von der Mutter Seite«, gab der Bär, hinter vorgehaltener Tatze flüsternd, Auskunft. »Aber gebt Acht, gleich wird sie das Geburtstagsgeschenk überreichen.«
»Kusine«, wiederholte die Brillenschlange. »Es ist lange her, seit dein Geburtstag auf einen Vollmond fiel, und lange, seit uns erlaubt war, das Ereignis so zu feiern wie

heute Nacht. Ich habe daher Zeit gehabt, über dein Geburtstagsgeschenk nachzudenken. Und ich bin zu der Einsicht gelangt ...«, sie hielt inne und kein andrer Laut war im Schlangenhaus zu hören als der angehaltene Atem vieler Geschöpfe, »dass ich dir nichts Besseres schenken kann als eine von meinen eigenen Häuten.«

»Aber, Kusine, das ist wirklich lieb von dir ...«, begann Mary Poppins, doch die Schlange gebot durch Aufblähen ihrer Haube Schweigen.

»Durchaus nicht, durchaus nicht. Du weißt, dass ich meine Haut von Zeit zu Zeit wechsle und dass eine mehr oder weniger mir nicht viel bedeutet. Bin ich nicht ...?« Sie machte eine Pause und blickte sich um.

»Die Herrin des Dschungels«, zischelten alle Schlangen im Chor, als sei Frage und Antwort Teil einer wohl bekannten Zeremonie.

Die Schlange nickte. »Nun«, fuhr sie fort, »was für mich passt, passt auch für dich! Die Gabe ist nicht groß, liebe Mary, aber sie mag dir für einen Gürtel oder ein Paar Schuhe dienen, sogar für ein Hutband – solche Sachen sind immer zu gebrauchen, wie du weißt!«

Bei diesen Worten begann sie, sich sacht hin und her zu wiegen, und Jane und Michael, die ihr zusahen, schien es, als liefen kleine Wellen über ihren Körper vom Schwanz bis zum Kopf. Plötzlich machte sie eine lange, drehende, ruckartige Bewegung – da lag ihre goldene Haut auf dem Boden und sie trug stattdessen eine neue aus glitzerndem Silber.

»Warte!«, sagte die Schlange, als Mary Poppins sich bückte, um die Haut aufzuheben. »Ich will eine Widmung darauf schreiben.«

Und sie strich mit ihrem Schwanz über die abgeworfene Haut, wand die goldene Hülle geschickt zu einem Ring, steckte den Kopf hindurch, dass sie wie eine Krone aussah, und überreichte sie anmutig Mary Poppins. Diese nahm sie mit einer Verbeugung entgegen.

»Ich weiß gar nicht, wie ich dir danken soll ...«, begann sie und stockte. Sie war sichtlich hocherfreut, denn sie drehte die Haut in der Hand hin und her und betrachtete sie voll Bewunderung.

»Lass nur!«, wehrte die Schlange ab. »Hsssst«, machte sie und spreizte ihre Haube, als lausche sie mit ihr. »Hör ich da nicht das Signal für die Große Kette?«

Alle horchten auf. Eine Glocke läutete und es ertönte eine tiefe, raue Stimme, die immer näher kam und rief:

»Zur Großen Kette! Herbei! Herbei! Aufstellen zur Großen Kette!«

»Das dachte ich mir!«, sagte die Schlange lächelnd. »Du musst gehen, meine Liebe. Sicher warten sie schon darauf, dass du deinen Platz auf der Wiese einnimmst. Leb wohl bis zu deinem nächsten Geburtstag!« Und wie zuvor richtete sie sich auf und küsste Mary Poppins leicht auf beide Wangen.

»Lass dich bitte nicht aufhalten!«, sagte sie. »Auf deine jungen Freunde werde ich aufpassen.«

Jane und Michael spürten, dass sich der Braunbär unter ihnen rührte, und standen auf. An ihren Füßen fühlten sie die Schlangen entlanggleiten, die jetzt, sich drehend und windend, aus dem Schlangenhaus fortstrebten. Auch Mary Poppins stand auf, verneigte sich feierlich vor der Brillenschlange und lief, ohne den Kindern auch nur einen Blick zu schenken, auf das große Viereck mitten im Zoo zu.

»Du kannst auch gehen«, sagte die Brillenschlange zum Braunbären, der, die Mütze in der Hand, eine demütige Verbeugung machte und lostrabte, dorthin, wo alle anderen Tiere sich um Mary Poppins scharten.
»Wollt ihr mit mir kommen?«, fragte die Brillenschlange Jane und Michael freundlich. Und ohne eine Antwort abzuwarten, glitt sie zwischen die beiden und wies sie mit einem Blähen ihrer Haube an, neben ihr zu gehen.
»Es hat angefangen!«, sagte sie und zischelte vergnügt.
Das laute Geschrei, das jetzt vom Rasenplatz herüberklang, verriet den Kindern, dass sie die Große Kette meinte. Im Näherkommen hörten sie die Tiere singen und rufen und dann sahen sie, wie sich Leoparden und Löwen, Biber, Kamele, Bären, Kraniche, Antilopen und viele andere um Mary Poppins im Kreis aufstellten. Dann setzte sich der Kreis langsam in Bewegung; die Tiere sangen laut ihre Urwaldlieder, hüpften im Reigen hin und her und reichten sich im Vorbeitanzen abwechselnd Hände und Flügel.
Eine kleine piepsige Stimme hob sich hell aus den übrigen:

>»Oh, Mary, Mary,
>Was Bess'res gab's nie,
>Gab's nie und nie und nimmermehr!«

Und sie sahen den Pinguin herantanzen, der mit seinen kurzen Flügeln wedelte und begeistert aus vollem Halse sang. Auch er sah die Kinder, verbeugte sich vor der Schlange und rief:
»Es ist mir gelungen – habt ihr mein Lied gehört? Natürlich ist es noch nicht vollkommen, ›gab's nie‹ reimt sich

nicht genau auf Mary. Aber es geht, es geht!«, und er hüpfte davon, um einem Leoparden seine Flügel anzubieten.

Jane und Michael sahen dem Reigen zu, die Schlange blieb schweigend und unbeweglich zwischen ihnen. Als ihr Freund, der Löwe, beim Vorübertanzen sich bückte, um den Flügel eines brasilianischen Fasans in seine Pranke zu nehmen, versuchte Jane scheu, ihrer Verwunderung Ausdruck zu geben.

»Ich dachte, sehr verehrte ...«, begann sie zögernd.

»Sprich, mein Kind. Was dachtest du?«

»Nun – dass Löwen und Vögel, und Tiger und kleine Tiere ...«

Die Schlange half ihr. »Du dachtest, sie seien von Natur Feinde und der Löwe könne keinem Vogel begegnen, ohne ihn zu fressen. Und der Tiger keinem Hasen – nicht?«

Jane wurde rot und nickte.

»Da magst du Recht haben. So was gibt es. Aber nicht am Geburtstag! Heut Nacht sind die Kleinen sicher vor den Großen und die Großen beschützen die Kleinen. Selbst ich ...«, die Schlange hielt inne, um, wie es schien, tief nachzudenken. »Selbst ich kann bei dieser besonderen Gelegenheit einer Ringelgans begegnen, ohne Appetit zu verspüren. Und wenn man's richtig überlegt«, fuhr sie fort und züngelte beim Sprechen mit ihrer schrecklichen, gespaltenen kleinen Zunge, »so ist Fressen und Gefressenwerden vielleicht dasselbe. Erfahrung lehrte mich, dass es so ist. Wir sind alle aus dem gleichen Stoff gemacht, wir aus dem Dschungel und ihr aus der Stadt. Wir bestehen aus dem gleichen Stoff – der Baum über uns, der Stein neben uns, der Vogel, das Tier, der Stern –, wir alle sind eins und gehen demselben Ende entgegen. Denke daran, mein Kind, auch wenn du mich längst vergessen hast!«

»Aber wie kann ein Baum gleich einem Stein sein? Ein Vogel ist nicht wie ich. Jane ist kein Tiger!«, sagte Michael beherzt.

»Meinst du?«, fragte die zischelnde Stimme der Schlange. »Schau hin!« Und sie wies mit dem Kopf auf die hüpfenden Tiere.

Die Vögel und alle anderen Tiere schwenkten nun ein und die Kette zog sich um Mary Poppins zusammen, die sich leicht hin und her wiegte. Sich öffnend und wieder schließend bewegte sich die schwingende Kette, vor und zurück, wie ein Uhrpendel. Selbst die Bäume bogen und hoben sich sanft und der Mond schien am Himmel zu schaukeln wie ein Schiff auf dem Meer.

»Vogel und Tier, Stein und Stern – wir alle sind eins, alle eins«, murmelte die Schlange und glättete sanft ihre Haube, während sie selbst sich zwischen den Kindern hin und her wiegte.

»Kind und Schlange, Stern und Stein – alles eins.«

Die zischelnde Stimme wurde leiser, das Geschrei der tanzenden Tiere ließ nach und verstummte. Während Jane und Michael zuhörten, war ihnen, als schaukelten sie selber leise oder als würden sie geschaukelt ...

Ein weicher, gedämpfter Lichtschimmer fiel auf ihre Gesichter.

»Schlafen und träumen – beides zugleich«, sagte eine flüsternde Stimme. War es die Stimme der Schlange? Oder die ihrer Mutter, die sie zudeckte bei ihrem gewohnten nächtlichen Besuch im Kinderzimmer?

»Gut!« War das des Braunbären verdrießliche Stimme oder die von Mr Banks?
Jane und Michael, weiter schaukelnd und schwingend, wussten es nicht ... wussten es nicht.

»Ich hatte heute Nacht einen seltsamen Traum!«, sagte Jane beim Frühstück, während sie Zucker über ihren Haferbrei streute. »Ich träumte, wir waren im Zoo und Mary Poppins hatte Geburtstag, statt der Tiere steckten Menschen in den Käfigen und die Tiere selbst waren alle frei ...«
»Was? Das ist *mein* Traum! Das hab ich geträumt!«, rief Michael und sah ganz erstaunt aus.
»Wir können nicht beide dasselbe geträumt haben!«, sagte Jane. »Weißt du's bestimmt? Erinnerst du dich noch an den Löwen, der seine Mähne hatte dauerwellen lassen, an den Seehund, der wollte, dass wir ...«
»Nach Orangenschalen tauchen?«, unterbrach Michael. »Natürlich erinnere ich mich! Und an die kleinen Kinder im Käfig und an die Schlange ...«
»Dann kann es kein Traum gewesen sein!«, sagte Jane nachdrücklich. »Es muss *wahr* gewesen sein. Und wenn es das war ...« Sie blickte fragend auf Mary Poppins, die gerade die Milch abkochte. »Mary Poppins, können Michael und ich dasselbe geträumt haben?«
»Ihr und eure Träume!«, sagte Mary Poppins naserümpfend. »Iss lieber deinen Haferbrei oder du bekommst keinen Toast mit Butter!«
Aber Jane wollte sich nicht abweisen lassen. Sie musste es wissen. »Mary Poppins«, sagte sie und sah sie eindringlich an, »warst du gestern Nacht im Zoo?«

Mary Poppins sperrte vor Verblüffung den Mund auf.
»Im Zoo? Ich im Zoo – bei Nacht?! Ich?! Eine ruhige, ordentliche Person, die weiß, was sich schickt und was nicht?«
»Du warst also wirklich nicht da?« Jane bestand auf der Antwort.
»Gewiss nicht. Was für ein Einfall! Ich wäre dir dankbar, wenn du jetzt deinen Haferbrei essen und keinen Unsinn mehr reden wolltest.«
Jane goss sich Milch ein.
»Dann muss es also doch ein Traum gewesen sein.«
Aber Michael starrte Mary Poppins, die jetzt über der Flamme Brot röstete, mit offenem Mund an.
»Jane«, flüsterte er mit überkippender Stimme, »Jane, sieh doch!« Er streckte den Finger aus und nun sah auch Jane, was er anstarrte.
Um ihre Taille trug Mary Poppins einen Gürtel aus goldener, geschuppter Schlangenhaut und auf ihm stand in runder, geschlängelter Schrift:

»Ein Geschenk vom Zoo!«

11. KAPITEL

Weihnachtseinkäufe

»Es riecht nach Schnee!«, sagte Jane, als sie aus dem Bus stiegen.
»Ich rieche Christbaumduft!«, sagte Mary Poppins.
Dann blieb keine Zeit mehr, noch irgendetwas zu riechen, denn der Bus hielt vor dem größten Kaufhaus der Welt, wo sie hinwollten, um ihre Weihnachtseinkäufe zu machen.
»Dürfen wir nicht erst die Schaufenster ansehen?«, fragte Michael und hüpfte aufgeregt von einem Fuß auf den andern.
»Ich habe nichts dagegen«, sagte Mary Poppins mit überraschender Milde. Jane und Michael waren von so viel Güte nicht etwa überrascht; sie wussten ja, für Mary Poppins gab es nichts Schöneres auf der Welt, als in Schaufenster zu gucken. Sie wussten auch, dass Mary Poppins nichts anderes sah als ihr eigenes Spiegelbild, während sie selbst Spielsachen und Bücher, Stechpalmenzweige und Rosinenkuchen betrachteten.
»Schau! Flugzeuge!«, rief Michael vor einem Fenster, in dem Flugzeuge an Drähten durch die Luft schnurrten.
»Und dort!«, rief Jane. »Zwei winzige schwarze Babys in einer Wiege – sind die nun aus Schokolade oder aus Porzellan?«
Und Mary Poppins stellte vor allem fest, wie hübsch im

Schaufensterspiegel ihre neuen Handschuhe mit den Pelzstulpen aussahen. Sie besaß zum ersten Mal solche Handschuhe und meinte, sie würde nie müde werden, sie anzuschauen. Nachdem sie ihre Handschuhe gebührend bewundert hatte, prüfte sie aufmerksam ihre ganze Gestalt – samt Mantel, Hut, Schal und Schuhen – und fand, sie hatte kaum je etwas so Flottes und Vornehmes gesehen. Aber die Winternachmittage waren kurz und sie mussten zum Tee wieder daheim sein. So riss sie sich mit einem Seufzer von ihrem prächtigen Spiegelbild los.

»Gehn wir hinein!«, sagte sie. Und dann ärgerte sie Jane und Michael, weil sie sich so lange in der Kurzwarenecke aufhielt und ewig Zeit brauchte, um eine Rolle schwarzes Nähgarn zu kaufen.

»Zur Spielzeugabteilung geht's hier lang!«, erinnerte Michael sie.

»Danke, ich weiß!«, sagte sie und bezahlte ihre Rechnung mit aufreizender Langsamkeit.

Aber endlich kamen sie zum Weihnachtsmann, der sich die größte Mühe gab, ihnen beim Aussuchen der Geschenke zu helfen.

»Das ist etwas für Vati!«, rief Michael und deutete auf eine aufziehbare Eisenbahn mit verschiedenen Signalen. »Wenn er in der Stadt ist, kann ich darauf aufpassen!«

»Ich denke, ich nehme das hier für Mutti!«, sagte Jane und schob einen kleinen Puppenwagen hin und her. Sie war ganz sicher, dass sich Mutter den schon immer gewünscht hatte. »Vielleicht leiht sie ihn mir manchmal.«

Dann wählte Michael noch je ein Päckchen Haarnadeln für die Zwillinge, einen Metallbaukasten für seine Mutter, einen Käfer zum Aufziehen für Robertson Ay, eine

Brille für Ellen, deren Augen freilich ganz in Ordnung waren, und Schnürsenkel für Mrs Brill, die stets Pantoffeln trug.

Jane entschied nach einigem Zögern, dass ein weißes Vorhemd für Mr Banks wohl das Richtige sei. Für die Zwillinge kaufte sie Robinson Crusoe, sie sollten ihn lesen, wenn sie größer waren.

»Bis sie dazu alt genug sind, kann ich es ja lesen«, meinte sie. »Ich glaube bestimmt, sie leihen es mir gern.«

Michael verhandelte mit dem Weihnachtsmann des Längeren über ein Stück Seife.

»Warum nehmen Sie nicht ›Palmolive‹?«, fragte der Weihnachtsmann. Er wollte Mary Poppins gern helfen und betrachtete sie besorgt, denn sie war ziemlich mürrisch.

»Ich ziehe ›Mouson‹ vor!«, sagte sie hochnäsig und kaufte gleich eine Packung.

»Lieber Himmel!«, sagte sie dann und strich den Pelz an ihrem rechten Handschuh glatt. »Jetzt würde ich riesig gern eine Tasse Tee trinken.«

»Würdest du's auch zwergig gern tun?«, erkundigte sich Michael.

»Das ist kein Grund zu dummen Späßen!«, sagte Mary Poppins in einem Ton, dass sogar Michael es einsah. »Es wird auch Zeit, dass wir heimgehen.«

Da! Nun hatte sie's gesagt! Und sie hatten doch so gehofft, sie würde es noch nicht sagen.

»Nur noch fünf Minuten«, bettelte Jane.

»Bitte, bitte, Mary Poppins! Du siehst so reizend aus in deinen neuen Handschuhen!«, sagte Michael listig.

Aber obwohl Mary Poppins das sehr gern hörte, ließ sie sich nicht erweichen.

»Nein!« Sie klappte hörbar den Mund zu und ging ohne Zögern zur Tür.
»Oje!«, seufzte Michael. »Wenn sie doch nur einmal ›ja‹ sagen wollte!« Und er folgte ihr, ächzend unter der Last seiner Pakete.
Aber Mary Poppins lief weiter und sie mussten mit. Der Weihnachtsmann winkte ihnen nach, die Feenkönigin auf dem Christbaum und all die andern Puppen lächelten betrübt, als wollten sie sagen: »Nimmt mich denn niemand mit nach Hause?« Und die Flugzeuge schlugen mit den Flügeln und baten mit vogelähnlicher Stimme: »Lasst mich fliegen! Oh, lasst mich fliegen!«
Jane und Michael liefen hinter Mary Poppins her, taub gegen all die betörenden Stimmen. Sie konnten nicht verstehen, warum ihnen in der Spielzeugabteilung die Zeit so schrecklich rasch vergangen war.
Aber als sie zum Ausgang gelangten, geschah das Unerwartete.
Sie wollten sich gerade durch die Drehtür schieben, als sie die flimmernde Gestalt eines Kindes entdeckten.
»Schau doch!«, sagten Jane und Michael wie aus einem Munde.
»Du meine Güte! Lieber Himmel!«, rief Mary Poppins und blieb stehen.
Das war kein Wunder, denn das Kind hatte kaum etwas an, nur ein leichtes Fähnchen aus lichtblauem Stoff, das so aussah, als habe das Kind es vom Himmel abgerissen und rasch übergeworfen.
Jane und Michael merkten gleich, dass das Kind nicht viel von Drehtüren verstand. Es lief immer rundherum, konnte nicht schnell genug gehen und lachte fröhlich, weil es

sich gefangen sah und immer im Kreis laufen musste. Doch plötzlich befreite es sich mit einer leichten, schnellen Bewegung, sprang heraus und stand mitten zwischen den Auslagen.

Auf den Fußspitzen blieb es stehen, wandte den Kopf hierhin und dorthin, so, als suche es jemand. Endlich entdeckte es Jane, Michael und Mary Poppins, die halb versteckt hinter einem riesigen Tannenbaum standen. Vergnügt lief es auf sie zu.

»Ach, da seid ihr! Wie lieb, dass ihr gewartet habt! Ich fürchte, ich komme ein bisschen spät!« Das Kind streckte Jane und Michael seine schimmernden Ärmchen entgegen. Es legte den Kopf auf die Seite. »Seid ihr nicht froh, dass ich da bin? Sagt ja! Sagt doch ja!«

»Ja!«, sagte Jane und lächelte. Sie fand, man konnte nur froh sein, wenn jemand so strahlend und glücklich war.

»Wer bist du denn?«, fragte sie neugierig.

»Wie heißt du?«, erkundigte sich auch Michael und staunte das Kind an.

»Wer ich bin? Wie ich heiße? Ihr wollt doch nicht etwa behaupten, dass ihr mich nicht kennt? Überlegt doch mal ...« Das Kind schien ein wenig erstaunt und enttäuscht. Es wandte sich plötzlich zu Mary Poppins und berührte sie leicht mit den Fingern.

»*Sie* kennt mich! Nicht wahr? Ich weiß bestimmt, dass du mich kennst!«

Auf Mary Poppins' Gesicht lag ein seltsamer Ausdruck. Jane und Michael entdeckten in ihren Augen ein blaues Licht; es war, als spiegelte sich in ihnen das leuchtende Kleid des Kindes.

»Fängt es – fängt es mit einem ›M‹ an?«, flüsterte sie.

Das Kind tanzte vor Freude.
»Natürlich mit einem ›M‹ – und du weißt es. MAJA! Ich bin Maja!« Sie wandte sich wieder an Jane und Michael.
»Jetzt erkennt ihr mich aber, nicht wahr? Ich bin die Zweite in den Plejaden. Elektra – das ist die Älteste – konnte nicht kommen, weil sie Merope hüten muss. Merope ist das Baby und wir andern fünf dazwischen – lauter Mädchen. Unsere Mutter war zuerst sehr enttäuscht, dass sie keinen Jungen bekam, aber jetzt macht sie sich nichts mehr daraus.«
Das Kind tanzte ein paar Schritte und sprudelte dann wieder mit heller, aufgeregter Stimme hervor:
»Oh, Jane! Oh, Michael – ich habe euch oft vom Himmel aus zugeschaut und nun kann ich wirklich mit euch sprechen! Ich weiß alles von euch! Michael lässt sich nicht gern die Haare bürsten und Jane hat in der Marmeladenbüchse auf dem Kaminsims ein Drosselei stehen. Und euer Vater bekommt schon eine Glatze. Ich habe ihn so gern. Er hat uns zuerst miteinander bekannt gemacht – wisst ihr noch? Letzten Sommer sagte er eines Abends:
›Seht, das dort sind die Plejaden! Sieben Sterne im Ganzen, die kleinsten am Himmel. Aber einen von ihnen könnt ihr nicht sehen.‹ Er meinte natürlich Merope. Sie ist noch zu klein, um jede Nacht aufzustehn. Sie ist noch so ein Baby, dass sie sehr früh zu Bett muss. Manche da oben nennen uns die kleinen Schwestern und manchmal werden wir die sieben Täubchen genannt. Aber Orion sagt immer ›Ihr Mädchen‹ und nimmt uns mit auf die Jagd.«

»Aber was machst du hier?«, fragte Michael noch immer sehr erstaunt.
Maja lachte. »Frag Mary Poppins! Sie weiß es bestimmt.«
»Sag's uns, Mary Poppins!«, bat Jane.
»Nun, ich nehme an, ihr beide seid nicht die Einzigen in der Welt, die zu Weihnachten einkaufen wollen...«, sagte Mary Poppins barsch.
»Das stimmt«, jubelte Maja entzückt. »Sie hat Recht. Ich bin beauftragt, für uns Schwestern Spielzeug zu kaufen. Wir können nicht allzu oft fort, wisst ihr, wir sind viel zu sehr damit beschäftigt, den Frühlingsregen zu erzeugen und aufzuspeichern. Das ist nämlich die Aufgabe der Plejaden. Wir haben's unter uns ausgelost und ich hab gewonnen. War das nicht ein Glück?«
Das Sternkind rieb sich die Hände vor Freude.
»So, jetzt kommt. Ich hab nicht viel Zeit. Und ihr müsst mitkommen und mir aussuchen helfen.«
Es tanzte um sie herum, rannte von einem zum andern und führte sie zur Spielzeugabteilung zurück. Wo sie vorbeikamen, blieben die Leute, die beim Einkaufen waren, stehen, starrten sie an und ließen bestürzt ihre Pakete fallen.
»Viel zu kalt für das Kind! Was haben sich seine Eltern nur gedacht?«, sagten die Mütter und ihre Stimmen wurden ganz weich und sanft.
»Ich muss schon sagen...«, murmelten die Väter. »So was dürfte gar nicht erlaubt sein. Das sollte man an die Zeitung schreiben.«
Auch die Aufsicht führenden Damen und Herren benahmen sich ungewöhnlich. Sobald die kleine Gruppe vorbei-

kam, machten sie vor Maja eine Verbeugung wie vor einer Königin.
Aber keiner – weder Jane, Michael, Mary Poppins noch Maja – nahm von all dem Notiz. Sie waren zu sehr mit sich selbst und ihrem herrlichen Abenteuer beschäftigt.
»Da sind wir!«, jubelte Maja und tänzelte in die Spielzeugabteilung hinein. »Was wollen wir aussuchen?«
Als einer der Verkäufer sie sah, verbeugte er sich sehr respektvoll.
»Ich brauche etwas für meine Schwestern – es sind sechs. Bitte, helfen Sie mir«, sagte Maja und lächelte ihn an.
»Aber gern, mein Fräulein«, sagte der Verkäufer bereitwillig.
»Zuerst meine älteste Schwester«, begann Maja. »Sie ist sehr häuslich. Wie wär's mit dem kleinen Herd mit den

silbernen Kasserollen? Ja? Und mit diesem Kehrbesen. Uns macht der Sternenstaub so viel zu schaffen; sie wird begeistert sein, wenn sie ihn damit zusammenfegen kann.«

Der Verkäufer machte sich gleich daran, die Sachen in buntes Papier einzupacken.

»Jetzt für Taygete. Sie tanzt so gern. Meinst du nicht, Jane, ein Sprungseil wäre für sie das Richtige? Nicht wahr, Sie packen alles sorgfältig ein, bitte?«, sagte Maja zu dem Verkäufer. »Ich habe einen weiten Weg.«

So flatterte Maja zwischen den Spielsachen herum und stand nicht einen Augenblick still. Sie trippelte mit leichten, quecksilbrigen Schrittchen; das sah aus, als funkele sie noch oben am Himmel.

Mary Poppins, Jane und Michael konnten die Augen nicht von ihr lassen, wie sie so von einem zum andern huschte und sie um Rat fragte.

»Jetzt kommt Alcyone. Für sie ist's schwierig. Sie ist so still und nachdenklich und hat nie einen besonderen Wunsch. Ein Buch, meinst du nicht, Mary Poppins? Wie wär's mit dieser Familie – den ›Schweizer Robinsons‹? Ich glaube, das würde ihr gefallen. Und wenn nicht, kann sie sich wenigstens die Bilder begucken. Packen Sie's bitte ein.«

Sie reichte dem Verkäufer das Buch.

»Was Celaeno sich wünscht, weiß ich«, plapperte sie weiter. »Einen Reifen. Bei Tag kann sie ihn über den Himmel rollen und bei Nacht im Kreis um sich herumwirbeln. Hier, der rotblaue wird ihr gefallen.« Der Verkäufer verbeugte sich abermals und packte auch den Reifen ein.

»Jetzt sind nur noch die beiden Kleinen übrig. Michael, was meinst du, was passt für Sterope?«
»Wie wär's mit einem Kreisel?«, antwortete Michael nach gründlichem Überlegen.
»Ein Brummkreisel? Eine glänzende Idee! Sie wird sich freuen, wenn sie zusehen kann, wie er die Milchstraße hinuntertanzt und dabei singt. Und was glaubst du, Jane, was für Merope, unser Baby, das Richtige wäre?«
»John und Barbara haben Gummienten«, meinte Jane schüchtern.
Maja schlug begeistert die Händchen zusammen.
»O Jane, wie klug du bist! Daran hätte ich nie gedacht. Eine Gummiente für Merope, bitte – eine blaue mit gelben Augen.«
Der Verkäufer verschnürte die Pakete, während Maja um ihn herumtanzte, am Papier herumdrückte und fest an der Schnur zog, um sicher zu sein, dass der Knoten hielt.
»So ist's gut!«, sagte sie. »Verstehen Sie, ich darf nichts verlieren.«
Michael, der sie die ganze Zeit unverwandt angestaunt hatte, drehte sich um und flüsterte Mary Poppins ins Ohr:
»Aber sie hat doch keine Geldtasche mit. Wer bezahlt denn die Spielsachen?«
»Mach dir nur keine Sorgen!«, sagte Mary Poppins kühl. »Außerdem ist es unhöflich zu flüstern.« Aber trotzdem fing sie an, eifrig in ihrer Tasche zu suchen.
»Was sagtest du da? Bezahlen?«, fragte Maja und riss verwundert die Augen auf. »Niemand wird bezahlen! Da ist nichts zu bezahlen – nicht wahr?«
Sie heftete ihren schimmernden Blick auf den Verkäufer.

»Gar nichts, mein Fräulein«, versicherte er, legte die Pakete in ihre Arme und verbeugte sich wieder.

»Ich dachte es mir. Siehst du«, sagte sie zu Michael gewandt, »die Hauptsache zu Weihnachten ist doch, dass die Sachen verschenkt werden, nicht wahr? Außerdem, womit sollte ich bezahlen? Wir haben dort oben kein Geld.« Und sie lachte bei der bloßen Vorstellung.

»Jetzt müssen wir gehen«, fuhr sie fort und nahm Michael beim Arm. »Wir müssen alle nach Hause. Es ist schon sehr spät und ich habe gehört, wie eure Mutter sagte, ihr sollt rechtzeitig zum Tee wieder da sein. Auch ich muss wieder zurück. Kommt!«

Michael, Jane und Mary Poppins mit sich fortziehend, führte Maja sie durchs Warenhaus und zur Drehtür hinaus.

Draußen vor dem Eingang sagte Jane plötzlich:

»Aber für sie ist ja gar kein Geschenk dabei! Sie hat für alle andern etwas ausgewählt und nichts für sich. Maja hat kein Weihnachtsgeschenk!« Sie begann rasch, ihre Pakete zu durchstöbern, um nachzusehen, ob sie etwas für Maja fände.

Mary Poppins warf einen raschen Blick ins Schaufenster. Sie sah dort ihr Spiegelbild, sehr flott, sehr anziehend; ihr Hut saß gerade, ihr Mantel war sorgfältig gebügelt und ihre neuen Handschuhe bildeten die Krönung des Ganzen.

»Du hältst den Mund!«, befahl sie Jane mit ihrer schnippischen Stimme. Dann zog sie die neuen Handschuhe aus und warf Maja in jede Hand einen Handschuh.

»Da!«, sagte sie nur. »Es ist kalt heute. Du wirst noch froh darüber sein.«

Maja blickte auf die Handschuhe nieder, die weit und lose über ihre Hände hingen. Sie antwortete nichts, schmiegte sich aber ganz nah an Mary Poppins, legte ihr den freien Arm um den Hals und gab ihr einen Kuss. Sie schauten sich lange in die Augen und lächelten, wie Menschen lächeln, die einander verstehen. Dann wandte Maja sich um und streichelte Jane und Michael leicht über die Wangen. Und für einen Augenblick standen sie alle beieinander, an der windigen Ecke, und sahen sich an wie verzaubert.

»Ich war so glücklich!«, brach Maja mit weicher Stimme das Schweigen. »Vergesst mich bitte nicht!«

Sie schüttelten den Kopf.

»Lebt wohl!«, sagte Maja.

»Leb wohl!«, sagten die andern, obgleich sie alles andere viel lieber gesagt hätten.

Maja stellte sich leicht auf die Fußspitzen, hob ihre Arme und sprang in die Luft. Dann begann sie zu steigen, Schritt für Schritt, immer höher hinauf, als wären unsichtbare Stufen in den Himmel geschlagen. Sie winkte den Zurückbleibenden zu, während sie weiter stieg, und die drei winkten zurück.

»Was ist denn hier los?«, fragte jemand neben ihnen.

»Das ist doch wohl nicht möglich!«, ertönte eine andere Stimme.

»Unglaublich!«, eine dritte. Plötzlich hatte sich eine Menschenmenge angesammelt, die das wunderbare Schauspiel von Majas Heimkehr genoss.

Ein Polizist bahnte sich einen Weg durchs Gedränge und trieb die Leute mit seinem Knüppel auseinander.

»Aber, aber! Was bedeutet das alles? Ein Unfall oder was?«

Er schaute nach oben, dorthin, wohin die Menge schaute.
»He!«, rief er wütend und drohte Maja mit der Faust.
»Komm runter! Was machst du da oben? Hältst nur den
Verkehr auf. Komm runter! So was ist nicht gestattet –
nicht auf einem öffentlichen Platz. Und es geht auch nicht
mit rechten Dingen zu!«
Ganz von fern hörten sie Maja lachen und sahen etwas
Helles von ihrem Arm herabbaumeln. Es war das Sprung-
seil. Sicherlich war das Paket aufgegangen.
Noch einen Augenblick sahen sie sie die luftige Treppe hi-

nauftänzeln, dann entzog eine Wolkenwand sie ihren Augen. Sie wussten trotzdem, dass sie sich dahinter befand; der helle Schein verriet es, der durch die Wolken brach.
»Jetzt schlägt's dreizehn!«, sagte der Polizist. Er starrte immer noch zum Himmel und kratzte sich den Kopf unterm Helm.
»Das könnte schon sein!«, sagte Mary Poppins so bissig, dass man hätte glauben können, sie ärgerte sich über den Polizisten. Aber Jane und Michael ließen sich durch den Tonfall nicht täuschen. Sie hatten in ihren Augen etwas gesehen: Wäre es nicht Mary Poppins gewesen, so hätte man es Tränen genannt.

»Haben wir uns das alles nur eingebildet?«, fragte Michael, als sie heimkamen und die Geschichte ihrer Mutter erzählten.
»Vielleicht«, meinte Mrs Banks. »Wir bilden uns oft recht seltsame und wunderbare Dinge ein, mein Liebling.«
»Aber was ist dann mit Mary Poppins' Handschuhen?«, fragte Jane. »Wir haben doch gesehen, dass sie sie Maja geschenkt hat. Und jetzt hat sie sie nicht mehr. Also muss es doch wahr sein!«
»Was, Mary Poppins!«, rief Mrs Banks. »Deine besten Handschuhe, die mit dem Pelzbesatz? Die hast du weggeschenkt?«
Mary Poppins schnüffelte.
»Meine Handschuhe sind meine Handschuhe und ich mache mit ihnen, was ich will!«, sagte sie von oben herab. Sie rückte ihren Hut gerade und ging in die Küche hinunter, um Tee zu trinken.

12. KAPITEL

Westwind

Es war der erste Frühlingstag.
Jane und Michael wussten es sofort, als sie Mr Banks in seiner Badewanne singen hörten; es gab nur einen Tag im Jahr, an dem er das tat.
Nun, an diesen Morgen würden sie sich ihr Lebtag erinnern. Zunächst durften sie zum ersten Mal mit den Erwachsenen frühstücken – und dann konnte Mr Banks seine schwarze Mappe nicht finden.
»Wo ist meine *Mappe*?«, rief er und raste in der Diele herum wie ein Hund auf der Jagd nach seinem Schwanz.
Gleich darauf suchte das ganze Haus – Ellen und Mrs Brill und die Kinder. Sogar Robertson Ay machte eine außergewöhnliche Anstrengung und rannte zweimal durch alle Räume. Schließlich entdeckte Mr Banks die Mappe in seinem Arbeitszimmer; er stürzte damit in die Diele. In hoch erhobenen Händen hielt er sie den andern entgegen.
»Hört!«, sagte er, als wollte er eine Rede halten. »Meine Mappe liegt immer am selben Platz, nämlich hier! Auf dem Schirmständer! – Wer hat sie ins Arbeitszimmer gelegt?«, fragte er wütend.
»Du selbst, mein Lieber, als du gestern Abend die Papiere für die Einkommensteuer herausnahmst«, sagte Mrs Banks.

Mr Banks warf ihr einen so tief verletzten Blick zu, dass sie wünschte, sie hätte gesagt, sie selbst habe sie dorthin gelegt.

»Hm – hmmmm!«, machte er und schnäuzte sich gründlich die Nase; dann nahm er seinen Mantel vom Haken und ging zur Eingangstür.

»Hallo, die Papageientulpen haben angesetzt«, sagte er ein wenig versöhnlicher. Er ging in den Garten hinaus und schnupperte in der Luft: »Hm, ich glaube, der Wind kommt von Westen.« Er blickte zu Admiral Booms Haus hinunter, wo die Fernrohr-Wetterfahne kreiste. »Hab ich mir's doch gedacht«, sagte er. »Westwind! Lind und warm. Ich werde keinen Mantel anziehen.« Damit nahm er seine Mappe und seinen Hut und fuhr in die Stadt.

»Hast du gehört, was er gesagt hat?« Michael packte Jane am Arm.

Sie nickte. »Es ist Westwind«, sagte sie langsam.

Weiter verloren sie darüber kein Wort, aber ein Gedanke hatte sich in ihnen geregt, den sie schleunigst wieder zu unterdrücken suchten. Tatsächlich vergaßen sie ihn bald wieder, denn alles schien wie immer und die Frühlingssonne machte das Haus so wunderbar hell, dass es keinem mehr einfiel zu behaupten, es brauche einen neuen Anstrich und neue Tapeten. Ganz im Gegenteil, sie waren alle der Ansicht, es sei das schönste Haus im Kirschbaumweg. Aber das Unheil begann nach dem Mittagessen.

Jane war unten im Garten, um Robertson Ay zu helfen. Eben hatte sie eine Reihe Radieschen gesät, als sie im Kinderzimmer Lärm hörte und auf der Treppe das Geräusch von eiligen Schritten. Gleich darauf erschien Michael, keuchend und mit hochrotem Gesicht.

»Sieh doch, Jane!«, rief er und hielt ihr seine Hand hin.
Da lag Mary Poppins' Kompass! Die Scheibe drehte sich wild um den Pfeil, weil Michael mit der Faust hin und her fuchtelte.
»Der Kompass?«, fragte Jane erstaunt.
Michael brach in Tränen aus. »Sie hat ihn mir geschenkt«, schluchzte er, »und gesagt, ich könne ihn jetzt ganz für mich behalten. Oh, oh, da kann was nicht stimmen! Noch nie hat sie mir etwas geschenkt!«
»Vielleicht hat sie nur nett sein wollen«, sagte Jane, um ihn zu beruhigen. Aber im Herzen fühlte sie sich genauso verstört wie Michael. Sie wusste wohl, dass Mary Poppins auf Nettsein keine Zeit verschwendete. Und doch entfuhr Mary Poppins seltsamerweise an diesem Nachmittag kein unwirsches Wort. Sie sah nachdenklich aus, und wenn man sie etwas fragte, antwortete sie völlig geistesabwesend. Schließlich konnte es Michael nicht länger ertragen.
»Ach, sei doch wieder ärgerlich, Mary Poppins! Bitte, sei doch wieder ärgerlich! Du bist so anders als sonst! Oh, mir ist so bang!« Wirklich, es drückte ihm das Herz ab, weil er spürte, im Kirschbaumweg Nummer siebzehn war etwas Unvorhergesehenes im Gang.
»Mach dir Sorgen, dann hast du welche!«, sagte Mary Poppins mit ihrer gewohnten Stimme. Und gleich fühlte er sich besser.
»Vielleicht ist es nur so ein dummes Gefühl«, sagte er zu Jane. »Vielleicht ist alles in Ordnung und ich bilde es mir nur ein – meinst du nicht, Jane?«
»Wahrscheinlich«, sagte Jane langsam. Aber auch sie war nachdenklich und ihr Herz war schwer wie Blei.

Der Wind wurde gegen Abend stärker und blies in Stößen ums Haus. Er fuhr fauchend und pfeifend durch den Kamin, schlüpfte durch die Ritzen unter den Fenstern und wirbelte im Kinderzimmer die Ecken des Teppichs hoch.
Mary Poppins brachte ihnen das Nachtessen und legte sauber und ordentlich ihre Sachen zusammen. Dann räumte sie das Kinderzimmer auf und setzte den Wasserkessel auf den Rost am Kamin.
»So!«, sagte sie und schaute sich im Zimmer um, ob auch alles in Ordnung sei. Schweigend blieb sie noch einen Augenblick stehen. Dann legte sie Michael sacht eine Hand auf den Kopf und die andere auf die Schulter. »So!«, wiederholte sie. »Ich bringe Robertson Ay nur schnell noch die Schuhe zum Putzen. Seid schön brav, bis ich wieder zurück bin!« Damit ging sie hinaus und machte leise die Tür hinter sich zu.
Plötzlich, als sie draußen war, hatten sie das Gefühl, sie

müssten ihr nachlaufen. Aber etwas hielt sie zurück. So blieben sie, die Ellbogen auf dem Tisch, ruhig sitzen und warteten auf ihre Rückkehr. Jeder gab sich Mühe, den andern zu beruhigen, auch ohne Worte.

»Wie albern wir sind!«, sagte Jane endlich. »Es ist doch alles wie immer!« Aber sie wusste, sie sagte das nur, um Michael zu beruhigen; sie selber glaubte nicht daran.

Die Uhr auf dem Kaminsims tickte laut. Das Feuer flackerte und knisterte und sank langsam in sich zusammen. Sie saßen immer noch am Tisch und warteten.

Schließlich sagte Michael unruhig: »Sie ist schon sehr lange fort, findest du nicht auch?«

Wie zur Antwort pfiff und lärmte der Wind um das Haus. Die Uhr tickte noch immer im alten Doppeltakt.

Plötzlich wurde die Stille durch ein Geräusch unterbrochen: Mit lautem Knall wurde die Haustür zugeschlagen.

»Michael!«, rief Jane erschrocken.

»Jane!«, sagte Michael, ganz blass und verängstigt.

Sie horchten. Dann rannten sie schnell ans Fenster und schauten hinaus.

Unten vor der Tür stand Mary Poppins; in Hut und Mantel stand sie da, die Teppichtasche in einer Hand und den Schirm in der andern. Der Wind zerrte an ihrem Rock und schob ihren Hut verwegen zur Seite. Aber, so schien es Jane und Michael, sie machte sich nichts daraus, denn sie lächelte, als verstünden sie und der Wind sich recht gut.

So blieb sie eine Weile auf der Treppe stehen und blickte zur Haustür zurück. Dann öffnete sie, obgleich es gar nicht regnete, mit einer raschen Bewegung den Schirm und schwenkte ihn über den Kopf.

Mit einem wilden Laut fuhr der Wind unter den Schirm und warf ihn hoch, als wollte er ihn Mary Poppins aus der Hand reißen. Aber sie hielt ihn fest und das war anscheinend, was der Wind wollte; denn jetzt riss er den Schirm noch höher in die Luft und Mary Poppins verlor den Boden unter den Füßen. Der Wind trug sie dahin, sodass ihre Fußspitzen den Gartenweg kaum noch streiften. Dann hob er sie übers Gartentor und trieb sie hinauf zu den Zweigen der Kirschbäume an der Straße.

»Sie geht fort, Jane, sie geht fort!«, rief Michael schluchzend.

»Schnell!«, rief Jane. »Wir wollen die Zwillinge holen. Sie müssen sie auch noch einmal sehen.«

Weder sie noch Michael bezweifelten, dass Mary Poppins sie für immer verließ. Der Wind hatte sich ja gedreht!

Jeder holte einen der Zwillinge und dann huschten sie zum Fenster zurück.

Mary Poppins schwebte jetzt hoch in der Luft, sie flog über die Kirschbäume weg und über die Hausdächer; mit der einen Hand hielt sie den Schirm fest und mit der andern die Teppichtasche.

Die Zwillinge fingen leise an zu weinen.

Mit ihrer freien Hand öffneten Jane und Michael das Fenster und machten einen letzten Versuch, Mary Poppins aufzuhalten.

»Mary Poppins!«, riefen sie. »Mary Poppins, komm doch wieder!«

Aber sie hörte sie nicht oder schenkte ihnen absichtlich keine Beachtung. Immer weiter segelte sie dahin, immer höher hinauf in die wolkenerfüllte, heulende Luft, bis der Wind sie schließlich über den Hügel wehte und die Kinder nichts mehr sahen als die im Sturm sich biegenden und knarrenden Bäume.

»Sie hat nur getan, was sie immer tun wollte. Sie ist geblieben, bis der Wind umschlug«, sagte Jane seufzend und wandte sich vom Fenster weg. Sie trug John wieder in sein Bettchen und legte ihn hinein. Michael erwiderte nichts, aber als er Barbara in ihr Bettchen zurückbrachte und zudeckte, seufzte auch er traurig.

»Ob wir sie wohl irgendwann einmal wieder sehen?«, sagte Jane leise.

Plötzlich hörten sie Stimmen auf der Treppe.

»Kinder, Kinder!«, rief Mrs Banks und öffnete die Tür. »Kinder – ich bin sehr böse. Mary Poppins hat uns verlassen ...«

»Wir wissen's«, sagten Jane und Michael.

»Ihr wisst es?«, fragte Mrs Banks erstaunt. »Hat sie euch denn gesagt, dass sie fortgeht?«

Sie schüttelten den Kopf. Mrs Banks fuhr fort:

»Es ist empörend! Eben noch hier und schon fort! Nicht einmal eine Entschuldigung. Sagte nur ›Ich gehe‹ und weg war sie. Etwas Unglaubliches, Unhöfliches – was ist denn, Michael?«, brach sie ärgerlich ab, denn Michael hatte sie am Kleid gepackt und zog ungeduldig daran. »Was ist denn, Kind?«

»Hat sie gesagt, sie würde wiederkommen?«, rief er und warf seine Mutter beinahe um. »Sag mir's schnell – bitte!«

»Führ dich nicht auf wie ein wilder Indianer, Michael!«, rief Mrs Banks, aus der Fassung gebracht. »Ich weiß nicht mehr genau, was sie gesagt hat. Nur, dass sie ginge. Aber ich will sie gar nicht mehr haben, auch wenn sie wiederkommen möchte. Mich Knall auf Fall im Stich zu lassen, ohne jede Hilfe und ohne Kündigung!«

»Aber Mutti!«, sagte Jane vorwurfsvoll.

»Sag so was nicht!«, rief Michael und ballte die Faust; fast sah es aus, als wollte er sie schlagen.

»Kinder! Schämt ihr euch nicht? Was fällt euch ein! Jemand zurückzuwünschen, der an eurer Mutter so schlecht gehandelt hat! Ich bin ganz außer mir!«

»Der einzige Mensch in der Welt, an dem mir etwas liegt, ist Mary Poppins!«, jammerte Michael und warf sich zu Boden.

»Aber Kinder! Wahrhaftig, ich versteh euch nicht! Seid vernünftig, ich bitt euch! Es ist doch keiner da, der heut Nacht auf euch aufpassen kann. Ich bin zum Essen eingeladen und Ellen hat Ausgang. Ich muss Mrs Brill heraufschicken.« Sie gab ihnen zerstreut einen Kuss und ging mit einer kleinen Sorgenfalte auf der Stirn.

»So was könnte ich nie tun. Einfach fortgehen und euch liebe, arme Kinder im Stich lassen«, sagte Mrs Brill ein wenig später, als sie geschäftig eintrat und ihr Amt übernahm. »Ein Herz von Stein hatte diese Person; kein Zweifel, oder ich will nicht Klara Brill heißen. Immer für sich bleiben und nicht einmal ein Spitzentaschentuch zum Andenken oder eine Hutnadel!« Mrs Brill schnappte nach Luft.

»Dass wir's so lange ausgehalten haben mit ihr, verstehe ich nicht! Dieses vornehme Getue und so! Was für eine Menge Knöpfe, Miss Jane! Steh endlich still, damit ich dich ausziehen kann, Master Michael! Und hässlich war sie auch, nicht gerade ein verlockender Anblick. Wirklich, alles in allem sind wir jetzt doch viel besser dran. So,

Miss Jane, wo hast du dein Nachthemd – was steckt denn da unter deinem Kissen?«

Mrs Brill zog ein kleines, gut verschnürtes Päckchen hervor.

»Was ist das? Gib's mir – gib's mir!« Jane zitterte vor Erwartung; fast riss sie Mrs Brill das Päckchen aus der Hand.

Michael stand daneben und sah zu, wie sie die Schnur aufmachte und das braune Papier wegriss.

Mrs Brill ging zu den Zwillingen hinein, ohne auch nur abzuwarten, was aus dem Päckchen zum Vorschein kam.

Das letzte Einwickelpapier flog auf den Boden und Jane hielt den Inhalt des Päckchens in der Hand.

»Ihr Bild!«, flüsterte sie atemlos und betrachtete es gründlich.

Das Porträt steckte in einem schmalen, gedrechselten Rahmen und trug die Unterschrift: »Mary Poppins von Bert«.

»Das ist der Streichholzmann – der hat es gemacht!«, sagte Michael und nahm das Porträt in die Hand, um es genauer sehen zu können.

Auf einmal entdeckte Jane, dass an dem Porträt ein Briefchen befestigt war. Behutsam faltete sie es auseinander. Darin stand:

Liebe Jane,
Michael hat den Kompass bekommen, darum ist das Bild für dich bestimmt. Au revoir.

Mary Poppins

Jane las es laut vor, bis sie an die Wörter kam, die sie nicht verstand.

»Mrs Brill!«, rief sie. »Was heißt ›au revoir‹?«

»Au revoir, Liebling?«, rief Mrs Brill aus dem Nebenzimmer zurück. »Wart mal, heißt das nicht – einen Augenblick, ich kenn mich nicht recht aus mit diesen Fremdwörtern – heißt es nicht ›Gott segne dich‹? Ach nein, das ist falsch. Ich glaub, Miss Jane, Liebling, es heißt ›Auf Wiedersehen‹!«

Jane und Michael sahen sich mit leuchtenden Augen an. Sie wussten, was Mary Poppins damit sagen wollte.

Erleichtert seufzte Michael auf. »Dann ist ja alles gut!«, sagte er. »Sie hält immer, was sie verspricht!« Er drehte sich um.

»Michael, weinst du etwa?«, fragte Jane.

Er bewegte nur den Kopf und versuchte zu lächeln.

»Nein, nein, ich nicht. Nur meine Augen«, sagte er.

Sie drängte ihn sacht ins Bett, und als er drin lag, schob sie ihm Mary Poppins' Porträt in die Hand – ganz rasch, bevor sie es bereute.

»Du darfst es heut Nacht behalten, Michael«, flüsterte sie und deckte ihn gut zu. So hatte es Mary Poppins auch immer gemacht.

Nachwort

Pamela Lyndon Travers wurde 1899 in Queensland, Australien, geboren. Ihre Mutter war Schottin und der Vater Ire.
Die Familie lebte in einem großen Haus und die kleine Pamela saß oft in der Bibliothek und las Gedichte. Mit sechs Jahren schrieb sie ihr erstes eigenes Gedicht, was dem Vater sehr gefiel.
Als Pamela sieben war, starb der Vater, und die Mutter zog mit ihren drei Töchtern nach New South Wales zur Familie der Mutter.
Pamela ging mit den beiden Schwestern in die Volksschule des kleinen Ortes. Aber die Schule gefiel ihr nicht besonders gut, sie langweilte sich. Viel lieber verkroch sie sich in ein Farngestrüpp und träumte den halben Tag von ihrer Zukunft oder legte es darauf an, von Zigeunern geraubt zu werden. Schließlich wurde sie in ein Internat gesteckt, in dem sie eine hervorragende Ausbildung bekam. Pamela erwies sich als begabt und sollte ein Stipendium für das Studium an der Universität von Sydney bekommen. Verwandte und Nachbarn hatten ihr jedoch eingebläut, dass sie etwas für ihre Mutter tun müsse, wenn sie erwachsen wäre, und so kam sie gar nicht auf die Idee, das Stipendium anzunehmen.
Nach der Schule arbeitete sie als Kassiererin bei der aus-

tralischen Gas- und Elektrizitätsgesellschaft und nähte Kleider für fremde Leute. Ihre Leidenschaft aber galt dem Theater und so konzentrierte sie sich zum Kummer ihrer Mutter auf eine Bühnenkarriere. Der große Erfolg als Schauspielerin blieb aber aus. Pamela wechselte oft das Engagement und begann nebenbei für australische Zeitungen Gedichte und Kurzgeschichten zu schreiben. Das verdiente Geld sparte sie eisern für eine Überfahrt nach England.

1923 kam sie nach London, sie hatte gerade noch fünf Pfund in der Tasche. Sie schickte W. B. Yeats, einem berühmten irischen Dichter, sofort eins ihrer Gedichte, das bald darauf zu ihrer großen Freude von einem Verlag mit zwei Guineas honoriert wurde.

Ihre ersten schriftstellerischen Arbeiten in England wurden von George Russell in »The Irish Statesman« veröffentlicht und 1934 schrieb sie den ersten Roman über Mary Poppins. Der Erfolg war so groß, dass sie 1935 eine Fortsetzung folgen ließ: *Mary Poppins kommt wieder.*

1940 reiste sie in die USA, nahm sich in New York eine Wohnung und arbeitete während des Krieges für das Informationsministerium. Nach dem Krieg pendelte sie zwischen New York und England hin und her und schrieb zwei weitere Mary-Poppins-Bände (*Mary Poppins öffnet die Tür* und *Mary Poppins im Park*).

Sie sagte einmal, dass die Wurzeln dieser Figur in den irischen Märchen und Mythen lägen. Mary Poppins scheint aber auch mit den Tieren aus *Alice im Wunderland* verwandt zu sein, die ebenso unwirsch, streng und unberechenbar sind wie sie. Trotz allem wird Mary Poppins von den braven Kindern der Familie Banks heiß und innig geliebt. Sie führt die Geschwister in die schönsten Abenteuer, in denen Wirklichkeit, Logik und Gewohnheit auf den Kopf gestellt werden.

Phantastische Geschichten also, in denen Mary Poppins eine eigene Welt für die Kinder schafft, aus der die Eltern ausgeschlossen sind, wobei der ganze Zauber vor allem dazu dient, den Kindern die Augen für die geheimen Wunder der Welt zu öffnen: Liebe, Mut und Treue – das sind die Schlüssel zu diesem Leben.

Pamela Travers starb 1996 in London.

Sybil Gräfin Schönfeldt

Edith Nesbit
DIE KINDER VON ARDEN

Aus dem Englischen von Sybil Gräfin Schönfeldt
Illustrationen von Alexandra Junge
272 Seiten. ISBN 3-7915-3591-9

Wer würde nicht gern mal durch die Vergangenheit reisen und selbst erfahren, wie man in früheren Jahrhunderten gelebt hat? Edred und Elfrida, die »Kinder von Arden«, können das. Auf der Suche nach dem Schatz der Ardens erleben sie ein Abenteuer nach dem anderen und finden schließlich etwas, das mehr wert ist als alle Schätze der Welt.

Edith Nesbits Arden-Bücher haben bis heute nichts von ihrer Faszination verloren.

Lewis Carroll
ALICE IM WUNDERLAND

Aus dem Englischen von Barbara Teutsch
Illustrationen von John Tenniel
192 Seiten. ISBN 3-7915-3566-8

Ein Kaninchen mit einer Weste, Handschuhen und einer eigenen Uhr in der Tasche, das obendrein auf dem Weg zum Krocketspiel der Königin ist, das ist schon etwas Wundersames, findet Alice. Aber an die Wunder hat sich Alice bald gewöhnt, wie an die Tatsache, dass sie wachsen und schrumpfen kann wie eine Ziehharmonika. Ist ja, wenn man es recht bedenkt, sogar ganz praktisch.
Lewis Carrolls klassische Nonsenserzählung bezaubert durch doppelbödigen Witz und viel Phantasie.